JN421661

채근촬요 / 수심결

菜根撮要 / 修心訣

선리禪理로 읽는 채근菜根 130目

雲岩玄葉 編譯

碧峙病老 某解

학자원

著者－운암현엽

法號：雲巖

法名：玄葉

俗名：金相汶

佛紀2515年(西紀1971年) 出家

海印寺 僧伽大學 卒

松廣寺 海印寺 佛國寺 修道庵 望月寺

等에서 九年間 安居

(前)釜山佛敎 社會敎育院 理事長

(前)曹溪宗 初審 護戒委員

(現)釜山 江西 佛敎寺庵聯合會 會長

(現)함께하는 행복 나누는 기쁨, 靑彌團 代表

(現)釜山 淸凉寺 住持

선리禪理로 읽는 채근菜根 130目

2018년 11월 5일 초판 발행

편　역：金相汶

모　해：노치허

발행인：김병환

발행처：학자원

주　소：서울 강동구 천호대로 1121

전　화：02) 6403-1000

팩　스：02) 6338-1001

E-mail：hakjaone@daum.net

등　록：2011년 3월 24일 제2011-14호

ISBN 979-11-6247-082-4 03820

값 20,000원

잘못된 책은 교환 가능하며 구입 서점이나 본사로 연락주세요.

이 책은 저작권법의 보호를 받는 저작물이므로 무단전재와 복제를 금지하며,

이 책의 내용을 이용하려면 저작권자와 학자원의 동의가 있어야 합니다.

채근촬요서菜根撮要序

채근담菜根譚은 명明의 홍자성洪自誠(1600~1670?)이 묵좌黙坐하고 독서讀書하여 심처深處를 얻은 소상素想이다. 삼가독서三家讀書 여득餘得의 요목要目을 초록抄錄하고, 의견意見을 더해 소박한 뜻과 마음의 본래本來를 쇄관晒貫하여 자기 견처見處를 읊어 모은 것이다. 홍생洪生은 세상을 피하고 누거陋居한 은사隱士이다.

채근담菜根譚의 고언苦言은 몇 잔의 술과 함께 주고받는 망세忘世의 말과 자득처自得處를 고승高僧과 고사高士에게 기대어 술述한 것과 속사俗士를 나무라는 우레가 섞여 있다. 홍생洪生의 사상思想은 방외方外에 있을 것이다. 견처見處가 소동파蘇東坡, 소강절邵康節 등에는 미치지 못하나 세상의 소감小鑑되기에 족하다고 하겠다.

채근담菜根譚은 명나라 이후에 중국, 한국과 일본 등의 지식인 사이에서 오래토록 읽혀 왔다. 그러나 채근의 글에는 상중하어上中下語가 섞였으며, 더러 고사高士의 말을 빌리고, 때로는 월분越分함도 없지 아니하다. 우승愚僧이 심우尋牛의 여가에 채근菜根의 상어上語를 촬요撮要하였다. 그 요要를 선選하니 389목 가운데 130목이 남았다. 본제本題를 채근촬요菜根撮要라 하고, 선리禪理로 읽는 채근菜根130목이라 설명을 붙였다.

운암 識

滿願堂 군말

채근촬요菜根撮要는 채근담菜根譚의 전집前集에서 소요편逍遙篇 52目과 박노편樸魯篇 52目을 가리고, 후집後集 가운데서 요박편遙朴篇 26目을 초艸하였다. 채근菜根 중에 130目을 가렸으니, 229목目은 기폐棄廢하였다고 할 것이다.

채근菜根의 기삭棄削은 대개 명욕名欲에 빠진 선비들을 나무라는 처세잠언處世箴言이거나, 선비의 규거를 이르매 같은 말을 되풀이 하는 것을 제除한 것이다. 채근菜根의 백미白眉는 기세棄世와 관도觀道와 측사입도測思入道에 있다. 만약 채근菜根의 기세정관棄世靜觀에 흥취興趣를 느끼지 못한다면 독서讀書의 이익이 적을 것이다.

채근촬요菜根撮要 뒤에 지눌대사知訥大師의 수심결修心訣을 둔 것은 채근菜根이 수양修養의 묘妙와 공부의 깊은 길을 드러내지 못한 바를 채우기 위함이다. 채근菜根이 수양修養의 서序는 될지언정 수양修養의 교과서教科書가 될 수 없는 까닭이라 하겠다.

채근증의菜根證義는 외우畏友 벽치선생碧峙先生이 130目 가운데서 다시 39目을 추초抽抄한 것이다. 哂!

차례

채근촬요 130목

채근전집菜根前集 소요편逍遙篇 52目

채근전집菜根前集 박노편樸魯篇 52目

채근후집菜根後集 요박편遙朴篇 26目

채근증의菜根證義 39目

수심결修心訣 39目

채근전집

소요편逍遙篇 52目

無心을 自得한 然後에 逍遙할 수 있나니

수덕 守德

덕德을 밝히어 지킴

守道德者는 寂寞하고 依阿權勢者는 凄凉萬古니라. 達人은
수 도 덕 자　적 막　의 아 권 세 자　처 량 만 고　달 인

觀物外之物하고 思身後之身하나니 寧受一時之寂寞이언정
관 물 외 지 물　사 신 후 지 신　영 수 일 시 지 적 막

毋取萬古之凄凉이라.
무 취 만 고 지 처 량

도덕道德을 지키며 사는 이는 적막寂寞하고, 권세權勢에 의지하고 아부阿附하는 자는 만고萬古에 처량凄凉하다. 달인達人은 모습 밖의 모습을 보고, 몸 뒤의 몸[眞性]을 생각하나니, 차라리 일시적인 적막寂寞을 겪을지언정 만고萬古에 처량凄凉함을 취하지 말지라.

某解

▸ 달인達人은 칠정七情이 환幻인 줄 알아서, 환幻을 탐하지 아니한다. 칠정七情이란 정념情念을 세분細分한 말이요, 정념情念은 범부마음妄心의 별칭이다. 정념情念의 내용은 환幻이다.

▸ 달인達人은 물외지물物外之物을 관觀하고, 신후지신身後之身으로 거처하며, 무사지사無思之思를 행한다.

청천 靑天

푸른 하늘에 밝은 햇빛 같아야

君子之心事는 天青日白하여 不可使人不知요
군자지심사 천청일백 불가사인부지

君子之才華는 玉韞珠藏하여 不可使人易知니라.
군자지재화 옥온주장 불가사인이지

군자君子의 마음씨는 푸른 하늘에 밝은 햇빛같이 하여 사람들이 알지 못하게 해서는 아니 되며, 군자君子의 재능才能과 지혜智慧는, 옥玉이 바위 속에 박히고 구슬이 바다깊이 잠긴 듯하여, 사람들이 쉬이 알게 해서는 안 되는 것이다.

某解

▸ 군자君子의 심사心事는 허명虛明하다. 허명虛明하므로 가리거나 숨김이 없다. 범부가 스스로 정념情念으로 자성自性을 가린 까닭에 심사心事가 허명虛明하지 않은 것이다.

▸ 공자가 "내가 숨기는 것이 있는가? 나는 숨기는 것이 없다."하였음은 진심眞心은 가릴 수도, 숨길 수도 없기 때문이다. 진심眞心은 본래 허명虛明하나 범부가 정념情念에 미혹하여 스스로 어둡기 때문에 알지 못하는 것이다. 원인原因을 알아서 병病을 제거하면 성인聖人과 다름이 없게 되는 것이다.

지상 只常

지인至人은 다만 평범平凡할 뿐

醲肥辛甘이 非眞味라 眞味는 只是淡이며 神奇卓異는 非至人이라 至人은 只是常이니라.
(농비신감 비진미 진미 지시담 신기탁이 비지인 지인 지시상)

잘 익은 술과 기름진 고기와 맵고 단 것이 참맛이 아니라 참맛은 다만 담박淡泊할 뿐이다. 신비神祕하고 기이奇異하며 우뚝하고 남다른 것이 지인至人이 아니라, 지인至人은 다만 평범平凡할 뿐이다.

某解

▸ 본문은 담淡과 상常을 비유比喩로써 설명한 것이다. 그 본의本意는 진인眞人 즉 참사람의 본심本心을 가리켜 설명한 것이다. 진인眞人에게는 칠정七情의 허사적풍虛邪賊風이 없다. 칠정七情은 삿되어 허망한 망념妄念일 뿐이다. 허사적풍虛邪賊風이란 '허망하고 삿된 칠정의 도둑 바람'이란 뜻이다.

▸ 지인至人의 마음은 오직 염담허무恬淡虛無이다. '담박할' 담淡은 '편안할' 담憺과 혼용하여 염담허무恬憺虛無로 표현한다. 염담허무恬淡虛無란 '칠정七情이 없어 편안하고 편안함'의 뜻이다. '편안하고 편안함'이란 '고요하고 고요함'과 통한다. 출처는 황제내경黃帝內經이다.

▸ 염담허무恬淡虛無란 진심眞心 즉 참마음의 항상한 내용을 간명하게 설명한 것이다. 항상하게 진심眞心에 거처하는 이를 성현聖賢이라 한다. 범부가 범부인 까닭은 망심妄心 즉 허망한 칠정의 마음에 가려져 있어 해맑은 진심眞心을 드밝게 드러내지 못하기 때문이다.

▸ 진심眞心을 유가儒家에서는 명덕明德, 도심道心, 허령지각虛靈知覺이라 하고, 도가道家에서는 염담허무恬淡虛無, 청정광명淸淨光明이라 하며, 불가佛家에서는 공적영지空寂靈知, 대적광명大寂光明, 진여자성眞如自性이라 한다.

▸ 지인至人의 말은 황제내경黃帝內徑과 남화경南華經에서 빌린 것이다. 지인무기至人無己의 지인至人은 진인眞人과 같은 뜻이다.

▸ 홍자성洪自省이 '至人只是常'이라 하고 '상常'의 설명을 자세히 하지 않음이 아쉽다. '상常'의 내용을 밝혀야 뜻이 바르게 될 수 있는 것이다. 이때 홍자성의 견처見處가 구견지견垢愆知見인 듯하다.

풍미 風美

정념情念을 쉬어 한閑에 거처해야, 진체眞體의 풍미風美 가 드러나는 것이다

天地는 寂然不動이로되 而氣機는 無息少停하며 日月은
천지 적연부동 이기기 무식소정 일월

晝夜奔馳로되 而貞明은 萬古不易이니라. 故로 君子는 閒時에
주야분치 이정명 만고불이 고 군자 한시

要有喫緊的心事하며 忙處에 要有悠閒的趣味니라.
요유끽긴적심사 망처 요유유한적취미

천지天地의 대체大體는 움직이지 않지만[寂然不動] 그 기미機微의 작용作用은 잠시도 쉬는 일이 없다. 일월日月은 밤낮으로 바삐 달리지만, 그 밝음은 만고萬古에 바뀌지 아니한다. 그러므로 군자君子는 한가閑暇한 때에도 사생死生의 대사大事에 대비對備하는 마음가짐이 필요하고, 바쁜 경우境遇에도 한가로운 풍미風美를 지녀야 한다.

▮ 某解

▸ 예부터 적연부동寂然不動이란 말에 학자들이 망연茫然히 물러서서 이러니 저러니 궁리窮理하나, 적확的確한 판단을 하지 못한다.

천지天地가 찰나刹那도 쉬지 않고 변하여 움직이며, 범부의 마음은 처소處所와 시時를 따라 바뀌는데 적연부동寂然不動이라 하니 적해的解가 쉽지 않은 것이다. 공자께서 계사繫辭에 "寂然不動感而遂

通天下之故"라 하였다. 즉 진심眞心은 정靜과 동動에 항상히 적연부동寂然不動하여 천하만사에 응하되 사계四季의 변화와 전패顚沛와 사생死生의 때에도 적연부동寂然不動하다는 것이다. 천하지고天下之故는 천하의 본래本來를 이른다. 천하의 본래本來란 진심眞心을 가리키는 것이다. 옛 선비들이 고故의 뜻을 알지 못해 설명하지 못한 허물이 있다.

범부凡夫 일생一生의 모든 곳에 적연부동寂然不動이 아닌 때가 없다는 것이다. 범부의 견해로 긍정肯定하기 어려운 곳이다. 고로 고현古賢들이 공자의 삼대三大 난해처難解處로 삼았다. 나머지 난해처難解處 둘은 무사無思와 무위無爲이다.

자사子思도 이 뜻에 합하지 못해 중용中庸에 칠정七情의 미발未發과 이발已發로 설명하였다. 적연부동寂然不動이라면 미발未發과 이발已發 모두가 적연부동寂然不動이 아닌가? 공자孔子가 옳은가? 자사子思가 옳은가? 판단은 독서하는 이의 몫이다.

대괴 大愧

개오開悟 후 수행에 큰 부끄러움이 있나니

夜深人靜에 獨坐觀心하면 始覺妄窮而眞獨露하나니
야심인정 독좌관심 시각망궁이진독로

每於此中에 得大機趣니라. 旣覺眞現而妄難逃면
매어차중 득대기취 기각진현이망난도

又於此中에 得大慚忸이니라.
우어차중 득대참뉵

깊은 밤 고요히 홀로 앉아, 관심觀心하여 개오開悟하면 비로소 망심妄心이 사라지고 진심眞心만이 홀로 나타남을 깨닫게 된다. 군자는 항상 이 가운데서 대기대용大機大用을 얻게 되는 것이다. 이미 개오開悟하여 진심眞心이 나타났어도 망심妄心에서 벗어나기 어려움을 안다면, 또한 이 가운데서 큰 부끄러움을 깨닫게 된 것이다.

▮ 某解

▸ 매득대기每得大機란 진심眞心의 대기대용大機大用이 항상하게 현전現前함이다.

▸ "이미 개오開悟하여 진심眞心이 나타났어도 망심妄心에서 벗어나기 어려움을 깨닫는다면"의 말은 경지境地가 높다. 이는 홍자성이 달사達士의 말을 빌린 것이다.

명류 名流

세속世俗의 정념情念에서 벗어나려 해야

作人이 無甚高遠事業이라도 擺脫得俗情이면 便入名流요
작인 무심고원사업 파탈득속정 변입명류

爲學이 無甚增益工夫라도 減除得物累면 便超聖境이니라.
위학 무심증익공부 감제득물루 변초성경

사람이 되어 높고 원대遠大한 일은 못할지라도 능히 세속世俗의 정념情念에서 벗어날 수 있다면, 이는 곧 명류名流에 들 것이다. 학문學問을 닦음에 있어서 뛰어난 경지境地에 이르지 못할지라도 능히 물욕物欲의 누累를 버릴 수 있다면, 이내 세속世俗을 초월超越하여 필경에 성인聖人의 경지境地에 합하게 되리라.

某解

▸ 명류名流란 방외달사方外達士를 가리킨다.

▸ 학문學問을 닦는다 함의 가리키는 바는 중사中士이다. 중사라도 물욕物欲을 잊게 되면 세속世俗을 초월超越함이 가까워지고, 세속을 초월하게 되면 망정妄情이 허망함을 알게 되며, 망정妄情이 허망함을 알게 되면 망정妄情을 버리는 공부에 나아가게 된다. 망정妄情을 버리고 또 버리면 필경에는 자성自性의 청정광명淸淨光明이 드러나게 되는 것이다.

처세 處世

세상살이에는 모든 일에 한 걸음 양보讓步해야

處世엔 讓一步를 爲高하나니 退步는 即進步的張本이요
처 세 양 일 보 위 고 퇴 보 즉 진 보 적 장 본

待人엔 寬一分이 是福이니 利人은 實利己的根基니라.
대 인 관 일 분 시 복 이 인 실 리 기 적 근 기

세상世上을 살아가는 데는 한 걸음 양보讓步하는 것을 높다 하나니, 한 걸음 물러나는 것은 곧 한 걸음 나아가는 근본根本이 된다. 사람을 대함에는 일분一分 너그럽게 하는 것이 복福이 되나니, 남을 이利롭게 하는 것이 자신을 이利롭게 하는 근본根本이다.

某解

▸ 중사中士라 하더라도 물욕物欲을 멀리하고 사람들에게 너그러우며, 매사每事에 양보讓步하는 것이 몸에 젖으면, 상사上士의 기틀을 쌓게 되고, 시절時節을 만나 문득 허공虛空에 돌이켜 합하게 되면, 방외方外의 공부에 들게 되는 것이다. 대저大抵 하나의 선善과 하나의 혜慧를 일으켜 깊고 높이하지 아니하고 도업道業을 이룬 이는 있지 아니하다.

성심 誠心

깨어 있는 마음

家庭에 有個眞佛하고 日用에 有種眞道니라.
가정 유개진불 일용 유종진도

人能誠心和氣하고 愉色婉言하여 使父母兄弟間으로
인능성심화기 유색완언 사부모형제간

形骸兩釋하고 意氣交流하면 勝於調息觀心萬倍矣니라.
형해양석 의기교류 승어조식관심만배의

집 안에 참 부처가 있고 일상생활日常生活 속에 진실한 도道가 있다. 사람이 능히 성심誠心으로 화평和平한 기운을 지녀 부드러운 얼굴빛으로 따뜻하고 밝게 말하여서 부모형제가 서로 화합和合하고 뜻이 통通하게 한다면, 이야말로 도가道家의 조식調息이나 선가禪家의 참선參禪보다 만배나 더 나으리라.

某解

▸ 성심誠心의 성誠은 성惺의 뜻이다. 성심誠心은 곧 깨어 있는 마음이니, 망심妄心이 없는 마음을 가리킨다. 만약 성심誠心을 이룬다면 도道가 현전現前할 것이다. 도道가 현전現前하면, 도道를 이루고자 하는 방도方道 즉 조식調息과 참선參禪은 필요가 없어진다. 이미 성심誠心을 이루었으면 무슨 방도方圖가 소용所用하랴! 홍자성의 견처見處가 방외方外의 문턱을 넘었기에 이러히 설說하는 것이다.

연비어약 鳶飛魚躍

솔개가 날고 물고기가 뛰노는 데, 정념이 있지 아니하다

好動者는 雲電風燈하고 嗜寂者는 死灰槁木이니라.
호동자 운전풍등 기적자 사회고목

須定雲止水中에 有鳶飛魚躍氣象이니
수정운지수중 유연비어약기상

總是有道的心體니라.
총시유도적심체

움직임을 좋아하는 사람은 구름 속의 번개나 바람 앞의 등불과 같고, 고요함을 즐기는 사람은 불 꺼진 재나 마른 나무와 같다. 모름지기 멈춘 구름이나 고요한 물결 같은 마음 가운데에 솔개가 날고 물고기가 뛰노는[鳶飛魚躍] 기상氣像이 있어야 하니, 이것이 곧 도道를 깨달은 사람의 마음이다.

某解

▸ 논어論語에 지知와 인仁을 설명하는 수단으로 동정動靜을 보이며 지자요수知者樂水 인자요산仁者樂山으로 설명 하였다. 지자知者는 정념情念이 동動하고, 인자仁者는 정념情念이 없다. 다만 적연부동寂然不動을 가르치는 뜻이다. 적연부동寂然不動에 이른 이가 드물어 공자의 본지本旨가 넓혀지지 아니한 것이다. 연비어약鳶飛魚躍이란 솔개가 날고 물고기가 뛰노는 것이다. 이 가운데, 정념情念이 있지

아니함을 가리켜 보였으나, 사람들은 말만 외우고 제 소견所見대로 해석한다. 정이程頤와 주희朱熹도 그러하다. 연비어약鳶飛魚躍이 그대의 뜻에 어떠한가? 咄!

방명 放名

이름과 모습을 놓아버려야

放得功名富貴之心下라야 便可脫凡하고
방 득 공 명 부 귀 지 심 하 변 가 탈 범

放得道德仁義之心下하야 便可入聖하리라.
방 득 도 덕 인 의 지 심 하 변 가 입 성

공명功名과 부귀富貴의 마음을 놓아 버려야 비로소 범속凡俗에서 벗어나게 되고, 도덕道德과 인의仁義의 마음을 놓아 버려야, 비로소 성인聖人의 문門에 들어갈 수 있다.

▮ 某解

▸ 공명功名과 부귀富貴의 노예가 된 불외천도자不畏天道者는, 노장老莊을 읽어도 아전인수我田引水로 해석하여 견강부회牽强附會하며, 공자를 배워도 적연부동처寂然不動處는 믿지 않으며, 선禪을 듣고는 월분과도越分過度하여 웃는다. 도덕道德과 인의仁義의 사상思想에 물들면, 도덕과 인의가 나온 곳을 생각하지 못한다. 그리하여 인의仁義를 버리고 성인聖人을 없앤다는 말을 들으면, 귀를 씻고 돌아앉는다. 도덕경의 절성기지絶聖棄智와 남화경의 절인의絶仁義는 진심眞心이 모습과 이름을 떠난 소식이다. 인의仁義는 문자文字 밖의 실상實相이다. 한 골짜기의 소작小雀이 어찌 도덕경道德經과 남화경南華經의 지취旨趣를 아리오.

의견意見과 총명聰明

정념의 의견과 정식情識의 총명은 도道에 장애가 되나니

利欲이 未盡害心이라 意見이 乃害心之蟊賊이요 聲色이
이욕 미진해심 의견 내해심지모적 성색

未必障道라 聰明이 乃障道之藩屛이니라.
미필장도 총명 내장도지번병

이욕利欲이 모두 마음을 해치는 것이 아니라, 의견意見이 바로 마음을 해치는 벌레이다. 소리와 색깔이 반드시 도道를 가로막는 것이 아니라, 총명聰明이 바로 가로막는 울타리이다.

某解

▸ 정념情念으로 의견意見을 짓고, 정식情識의 총명聰明으로 판단하는 것이 총명범부聰明凡夫의 구건단견垢愆斷見이다. 총명범부聰明凡夫의 견해는 자신을 우물에 가두고, 천지를 살피지 아니한다. 장애障礙가 심한 의견意見과 가볍고 편벽偏僻된 총명聰明이 인생에 화禍를 부르는 것이다.

오로지 총명범부聰明凡夫의 정념情念이 민멸泯滅하여 무심無心을 자증自證해야 도道에 합하고, 인생이 빛날 수 있음을 알지 못하는 것이다.

심마心魔와 객기客氣

마魔는 정념情念이요, 객기客氣는 억견臆見을 짓는다

降魔者는 先降自心하라. 心伏則群魔退聽이니라. 馭橫者는 先馭此氣하라. 氣平則外橫不侵이니라.
항마자 선항자심 심복즉군마퇴청 어횡자 선어차기 기평즉외횡불침

마魔를 항복降伏시키려거든 먼저 자기의 마음妄心부터 항복降伏받으라. 마음妄心이 항복降伏하면 뭇 마魔가 물러나게 된다.

횡포심橫暴心을 제어制御하려거든 먼저 자신의 객기客氣를 제어하라. 객기客氣가 평평平平해지면 횡포심橫暴心이 침입하지 못한다.

某解

▸ 마魔란 정념情念이 요동하여 탐진치貪瞋癡와 애증愛憎이 인생의 병病이 되는 행태를 이른다. 능엄경楞嚴經에는 세분하여 53종의 심마心魔를 설명한다.

▸ 객기客氣란 욕망欲望과 구건단견垢愆斷見으로 판단判斷하여 억견臆見을 짓는 것을 이른다.

정신수습 精神收拾

정일집중精一執中이 아니면 도道에 나아갈 수 없다

學者는 要收拾精神하여 併歸一路니라.
학자 요수습정신 병귀일로

如修德而留意於事功名譽면 必無實詣며
여수덕이유의어사공명예 필무실예

讀書而寄興於吟咏風雅면 定不深心이니라.
독서이기흥어음영풍아 정불심심

학문學問하는 이는 오직 정신精神을 수습收拾하여 한길로 집중執中해야 한다. 만약 덕德을 닦으면서 사업事業이나 명예名譽에 뜻을 둔다면 결코 참된 경지境地에 이르지 못할 것이요, 책을 읽으면서 읊조리는 재미나 풍류風流에 흥을 붙인다면 결코 성性을 자득自得하지 못할 것이다.

某解

▸ 옛사람이 학문하는 길, 셋을 말한다. 하나는 과거를 보기 위해 다문박식多聞博識하는 것이요, 다른 하나는 정세精細하게 글을 읽어 고古를 통해 청신淸新을 얻는 것이요, 또 하나는 글을 읽되 그 말을 잊고 뜻을 얻어서, 필경에 방외方外에 소요逍遙하는 것이다. 그러므로 학문을 함에 정신精神을 수습收拾하여 한길로 집중執中해야 하며, 세속世俗의 취미趣味는 버려야 하는 것이다.

소요편逍遙篇 第14目

무이심 無二心

유마維摩와 도회屠劊가 두 마음이 아니다

人人이 有個大慈悲하니 維摩屠劊가 無二心也요 處處에
인인 유개대자비 유마도회 무이심야 처처

有種眞趣味하니 金屋茅簷이 非兩地也라.
유종진취미 금옥모첨 비양지야

只是欲蔽情封하여 當面錯過면 使咫尺千里矣니라.
지시욕폐정봉 당면착과 사지척천리의

사람사람이 모두 본연本然의 큰 자비심慈悲心을 갖추고 있으며, 유마維摩와 도회屠劊가 두 마음이 아니다.

곳곳마다 모두 종종種種의 거처居處하는 취미趣味가 있으니, 황금黃金으로 꾸민 집과 초가집이 다르지 않다. 다만 욕심欲心에 덮이고 정념情念에 가려져, 눈앞 일에 착식錯識하여 그르치게 됨이 지척咫尺을 천리千里가 되게 하는 것이다.

某解

▸ 도회屠劊는 도회屠膾와 같다. 짐승을 도축하는 사람 즉 백정白丁을 가리킨다. 백정白丁에 평민농부의 뜻도 있다. 유마維摩거사와 도회屠劊가 두 마음이 아니라는 것은 모든 범부와 성인聖人의 체성體性이 다르지 아니하다는 뜻이다. 체성體性이 다르지 않으므로 평등平等하며, 발심하여 공부하면 누구나 범부가 성인이 된다는 것이다. 이런 말을 듣고서 돌아서는 자는 누구인가?

불견불행 不見不行

성인聖人을 보지 못하고, 도道를 행하지 못하다

讀書하되 不見聖賢이면 爲鉛槧傭이요 居官에 不愛子民이면
독서 불견성현 위연참용 거관 불애자민
爲衣冠盜요 講學에 不尙躬行이면 爲口頭禪이요 立業에
위의관도 강학 불상궁행 위구두선 입업
不思種德이면 爲眼前花니라.
불사종덕 위안전화

글을 읽어서 성현聖賢을 보지 못한다면 글이나 베껴 주는 종일뿐이요, 벼슬자리에 있으면서도 백성百姓을 사랑하지 않는 다면 관冠을 쓴 도둑에 지나지 않는다.

도학道學을 강론講論하면서도 일상日常에 행行하지 못한다면 구두선口頭禪이 되고, 도업道業을 세우고도 덕德심기를 생각하지 않는다면 눈앞에 피고 지는 한때의 꽃이 되고 말리라.

某解

▸ 총명달사聰明達士라 자시自是하면서도 글을 읽으면 성의聖意를 보지 못하는 자가 허다하다. 그러하면서도 인仁을 말하고, 소요유逍遙遊를 일컬으며, 문장文章으로 이름을 얻기도 한다.

당송팔대가唐宋八大家 중에는 소식蘇軾, 구양수歐陽修만이 대지大智에 나아갔고 나머지는 향념向念이 높았다. 또한 주돈이周敦頤, 장

방평張方平, 소옹邵雍, 소철蘇轍, 황정견黃庭堅, 왕수인王守仁, 옹방강翁方江이 대지大智를 열었다.

도학道學을 강론講論했으나 공자孔子의 본지本旨를 열지 못한 자에 정이程頤, 장재張載, 이동李同, 장식張栻, 주희朱熹, 나흠순羅欽順 등이 보인다.

일문장一文章과 일음一音

참 文章과 참 가락音이란 眞心의 대용大用을 가리킨다

人心에 有一部眞文章이로되 都被殘編斷簡封錮了하며
인심 유일부진문장 도피잔편단간봉고료

有一部眞鼓吹로되 都被妖歌艶舞湮沒了하나니 學者는
유일부진고취 도피요가염무인몰료 학자

須掃除外物하고 直覓本來라야 纔有個眞受用이리라.
수소제외물 직멱본래 재유개진수용

사람은 저마다 마음에 일부一部의 참 문장文章이 있건만 모두 옛 사람들의 부스러기 글 때문에 굳게 갇혀 있고, 한 가락의 참된 음音이 있으나 모두 요사妖邪스런 노래와 요염妖艶한 춤의 연기舞煙에 파묻혀 있구나. 배우는 사람은 모름지기 외물外物을 쓸어내고 곧바로 본래本來의 마음을 밝혀야 비로소 참다운 삶을 누리리라.

某解

▸ 위의 글은 석범게송釋梵偈頌의 설명이다. 게偈를 본다.

我有一卷經　내게 한 권의 경經이 있나니
不因紙墨成　종이와 먹으로 지음이 아닐세라.
展開無一字　펼치면 한 글자도 없으나
常放大光明　대광명大光明을 항상히 비추운다.

심유청천 心有青天

진심眞心의 체體는 푸른 허공虛空과 같다

心體光明하면 暗室中에도 有青天하며 念頭暗昧하면 白日下에도 生厲鬼니라.
심체광명 암실중 유청천 염두암매 백일하 생려귀

심체心體가 본디의 청정광명淸淨光明을 회복回復하면 어두운 방안에도 푸른 하늘이 있다. 망념妄念이 심체心體를 가리어 어두워지면 밝은 대낮에도 사나운 귀신鬼神이 나타난다.

某解

▶ 심체心體란 진심眞心이요, 청정광명淸淨光明이란 진심眞心의 내용이다. 진심眞心의 청정광명淸淨光明은 만고불변萬古不變이므로 곧 불생불사不生不死의 자리이다. 귀신이란 망심을 가리킨다. 푸른 하늘[青天]이란 진심眞心이 모습이 없는 까닭에 허공虛空에 비유하여 설명한 것이다. 모습 없음의 설명에 한계가 있을 수밖에 없다. 범부는 학습한 지식으로 사유하고 이해하여 판단하기 때문이다. 비유에 허공이 으뜸이다. 공자도 진심의 설명에 "허공이 무어라 하던가?"라 하였다. 허공설에 하나의 허물이 있으니 곧 영지靈知를 가리키지 못함이다. 허공성虛空性은 공적영지空寂靈知라 설명함이 가깝다고 하겠다.

성성惺惺 주인옹主人翁

주인옹主人翁이 성성惺惺하여 의젓이 주인노릇하면 문득
도적盜賊이 한집안 사람으로 변變한다.

耳目見聞은 爲外賊이요 情欲意識은 爲內賊이니
이 목 견 문 위 외 적 정 욕 의 식 위 내 적

只是主人翁이 惺惺不昧하여 獨坐中堂이면
지 시 주 인 옹 성 성 불 매 독 좌 중 당

賊便化爲家人矣리라.
적 변 화 위 가 인 의

귀와 눈으로 보고 듣는 것은 바깥의 도적盜賊이고 정념情念으로 짓는 의식意識은 안의 도적盜賊이다.

다만 정념情念의 주인옹主人翁이 성성惺惺하여 흐리지 않아, 중당中堂에 홀로 의젓 앉으면 도적盜賊이 변變하여 문득 한집안 사람이 된다.

某解

▸ 귀와 눈으로 보고 듣는 것은 바깥의 도적盜賊이라 하고, 정식情識으로 지음을 안의 도적盜賊이라 하여 안팎을 두어 설명했으나, 도적은 다만 하나의 망심妄心일 따름이다. 하나란 정념情念이요, 정념이 바로 인생의 도적이다. 범부는 정념으로 보고 듣고 생각하여 판단한다. 만약 그 판단에 정념이 없으면 본래사람인 것이다. 본래사람

은 정념 없이 성性으로 일상日常을 짓는다. 정념이 없으므로 지음 없이 마음을 짓는다고 한다. 정情이 환幻임을 알면 환幻은 이미 있지 아니하며, 환주幻主가 곧 진심眞心임이 드러나는 것이다.

현공 現空

다만 나타나고 사라질 뿐, 정념情念을 남기지 않을세라.

風來疎竹에 風過而竹不留聲하고 雁度寒潭에
풍래소죽 풍과이죽불류성 안도한담

雁去而潭不留影이니라. 故로 君子는 事來而心始現하고
안거이담불류영 고 군자 사래이심시현

事去而心隨空이니라.
사거이심수공

바람이 성긴 대숲에 불어 소리를 짓지 만, 바람이 지나가면 대숲은 소리를 남기지 아니 하고, 기러기가 차가운 못을 지날 제 그림자를 드리우나 기러기가 가면 못은 그림자를 남기지 않는다. 그러므로 군자君子는 일이 다가오면 비로소 마음에 나타나고 일이 지나가고 나면 마음도 따라 비게 되는 것이다.

某解

▸ 위는 천의의회天衣義懷(993~1064)의 시를 빌려 홍자성이 점철성금點鐵成金을 꾀한 것이다. 의취意趣가 대략 통했으나 천의天衣의 격格에 미치지 못한다. 천의天衣의 게偈를 본다.

雁過長空 / 影沈寒水 / 雁無遺迹之意 / 水無留影之心 / 苟能如是 / 方解異類中行 /

기러기 허공을 지나는데, / 차가운 물속에 그림자 가라 앉네. / 기러기는 발자취 남기려는 뜻이 없고 / 물은 그림자 담으려는 마음이 없네. / 진실로 이와 같다면/참으로 여러 군생群生 속에 가는 법을 아는 것 일세. /

대용 大用

일상日常의 한閑 정靜 암暗 명明에 주인主人이 오롯하면
진심眞心의 무상대용無相大用이 드러난다.

閑中(한중)에 不放過(불방과)면 忙處(망처)에 有受用(유수용)하고 靜中(정중)에 不落空(불락공)이면
動處(동처)에 有受用(유수용)하며 暗中(암중)에 不欺隱(불기은)이면 明處(명처)에 有受用(유수용)이니라.

한거閑居에 진심眞心을 관觀하면 바쁠 때에 대용大用이 있고, 고요한 가운데 공견空見에 떨어지지 않으면 일상日常에 대용大用이 있으며, 어두울 때 정情에 속지 않으면 밝을 때에 해맑은 대용大用이 있는 것이다.

▮ 某解

▸ 진심眞心을 관觀함에는 오직 정일집중精一執中해야 한다. 정일집중精一執中을 거치지 아니하면 진심眞心이 나타나기 어렵다. 정일집중精一執中함에 한閑 정靜 암暗 명明에 주인主人이 오롯하면 공적영지空寂靈知의 무상대용無相大用이 드러나는 것이다.

정일집중精一執中은 가차삼매假借三昧이다. 가차삼매假借三昧가 익어 진심眞心이 초현初現한 연후에 무심삼매無心三昧를 닦을 수 있는 것이다.

소요편逍遙篇 第21目

염기즉각 念起卽覺

생각이 일어날 때 주인을 깨달아라

念頭起處에 纔覺向欲路上去면 便挽從理路上來하라.
염두기처 재각향욕로상거 변만종리로상래

一起便覺하고 一覺便轉이니 此是轉禍爲福하고
일기변각 일각변전 차시전화위복

起死回生的關頭니 切莫輕易放過니라.
기사회생적관두 절막경이방과

문득 생각이 일어남을 알거든 곧 염두念頭로 되돌려라. 생각이 일어날 때 깨닫고, 한번 깨달으면 곧 성性을 회복回復함이라. 이것이 바로 전화위복轉禍爲福하고 기사회생起死回生의 관두關頭이다. 진실로 가벼이 지나지 말지라.

某解

▸ 염기즉각念起卽覺이란 관조觀照에 순일純一하여 정일집중精一執中하다가 문득 한 생각이 일어날 때 깨침을 말한다. 다시 말해 인생의 주인공을 관觀하다가 생각이 일어날 때 즉시 깨달아야 하는 것이다. 생각으로 주인공을 깨칠 수 없는 까닭이다. 생각이 동動하면 이미 그르친 것이니, 이를 동념즉괴動念卽乖라 한다. 오랜 수선修禪의 공功이 있으면서도 염기즉각念起卽覺의 도리道理에 나아가지 못하는 것은 잡념雜念이 숨어 있기 때문이다.

담중허명 淡中虛明

정념情念이 없으면 비고 밝다

靜中에 念慮澄徹이면 見心之眞體하고 閑中에 氣象從容이면
정중 념려징철 견심지진체 한중 기상종용

識心之眞機하고 淡中에 意趣冲夷면 得心之眞味하나니
식심지진기 담중 의취충이 득심지진미

觀心證道엔 無如此三者니라.
관심증도 무여차삼자

고요한 가운데 생각이 맑아서 밝아지면 마음의 진체眞體를 볼 수 있고, 한가閑暇한 가운데 기상氣像이 조용하면 마음이 진기眞機를 알 수 있으며, 담박淡泊한 가운데 의취意趣가 허명虛明하면 마음의 진미眞味를 자득自得하나니, 마음을 관觀하여 도道를 증험證驗하는 데에 이 셋만 한 것이 없다.

某解

▸ 염려징철念慮澄澈은 적정寂靜하여 맑아서 밝아지는 것이요, 한중기종閑中氣從은 정념情念이 쉬어 정한淨閑하면 진기眞氣가 절로 따른다는 뜻이다. 담중허명淡中虛明은 정념이 없으면 비고 밝다는 노정설路程說이다. 念慮澄澈, 閑中氣從, 淡中虛明 가운데, 하나의 길에서 요지了知하면 반드시 진심眞心이 나타난다고 하겠다.

회복일진 回復一眞

하나의 진심眞心을 회복回復하면

人心一眞은 便霜可飛하고 城可隕하며 金石可貫이나
인심일진 변상가비 성가운 금석가관

若僞妄之人은 形骸徒具나 眞宰已亡이라
약위망지인 형해도구 진재이망

對人則面目可憎하고 獨居則形影自媿니라.
대인즉면목가증 독거즉형영자괴

사람의 마음이 일진一眞을 회복回復하면 서리[霜]를 내리게 하고, 성城을 무너뜨리며 쇠와 돌도 뚫을 수 있다. 그러나 위정僞情에 전도顚倒되어 망령妄靈된 사람은 형체만 헛되이 갖추었을 뿐, 참 주인主人은 이미 망亡한지라, 남을 대하면 면목面目이 가증可憎하고, 혼자 있으면 모습과 그림자가 스스로 부끄러울지니라.

某解

▸ 인심일진人心一眞은 일진심一眞心이요, 위정僞情이란 정념情念의 뜻이요, 참 주인主人은 진심眞心을 의미한다.

적연的然과 본연本然

文章의 至極은 本然을 的然히 表現함이요, 人品의 至極은 本然을 回復한 境地이다

文章(문장)이 做到極處(주도극처)하면 無有他奇(무유타기)라 只是恰好(지시흡호)요 人品(인품)이 做到極處(주도극처)하면 無有他異(무유타이)라 只是本然(지시본연)이니라.

문장文章이 지극한 경지境地에 도달到達하면 별다른 기묘奇妙함이 있는 것이 아니라 다만 알맞을 뿐[恰好]이며, 인품人品이 지극한 경지境地에 도달到達하면 별다른 기이奇異함이 있음이 아니라 다만 본래 그러함[本然]일 뿐이다.

某解

▸ 문장文章의 지극함은 다만 본연本然을 적연的然히 표현하는 것이요, 인품人品의 지극함이란 다만 본연本然을 회복回復한 경지境地이다.

▸ 흡호恰好는 알맞음, 적연適然, 적연的然과 같은 뜻이요, 본연本然은 본디 그러함이다.

환幻과 진眞

幻과 眞을 밝히 알면, 짐과 얽매임을 벗고 大自由에 거닐 것이다

以幻迹言이면 無論功名富貴요 卽肢體도 亦屬委形이요
이 환 적 언 무 론 공 명 부 귀 즉 지 체 역 속 위 형

以眞境言이면 無論父母兄弟요 卽萬物이 皆吾一體니
이 진 경 언 무 론 부 모 형 제 즉 만 물 개 오 일 체

人能看得破하고 認得眞이면 纔可任天下之負擔하고
인 능 간 득 파 인 득 진 재 가 임 천 하 지 부 담

亦可脫世間之韁鎖니라.
역 가 탈 세 간 지 강 쇄

이 세상世上을 헛것幻物으로 본다면, 부귀공명富貴功名은 물론 내 몸身조차 잠시 빌어 가진 것이다. 이 세상世上을 참[眞]으로 본다면 부모형제父母兄弟는 물론 만물萬物이 모두 나와 일체一體이다.

사람이 능히 이 둘, 幻과 眞을 간파看破하여, 이 둘의 참뜻을 체득體得할 수 있다면, 천하天下의 짐을 가히 질 수 있으며 또한 천하天下의 얽매임에서 의연히 벗어날 수 있다.

某解

▸ 환幻이란 망심妄心과 몸을 이르고, 진眞이란 진심眞心과 만물형색萬物形色의 체體를 이른다. 환幻에 거처하면 진심眞心과 만물에 미혹迷惑하고, 진眞에 거닐면 인생의 본원本源이 밝아 성성적적惺惺寂寂으로 인생을 소요逍遙한다. 환幻과 진眞의 내용을 밝히 알면, 인생의 얽매임과 짐을 벗고 대자유大自由를 누리게 되는 것이다.

백년살이

人生에 自性을 돌아보지 않는 자가 어찌 불쌍한 자가 아니리오.

天地는 有萬古나 此身은 不再得이요, 人生은 只百年이나
천지 유만고 차신 불재득 인생 지백년

此日이 最易過니라. 幸生其間者는 不可不知有生之樂하고
차일 최이과 행생기간자 불가불지유생지락

亦不可不懷虛生之憂니라.
역불가불회허생지우

하늘과 땅은 만고萬古에 불변不變이나, 이 몸은 다시 얻지 못한다. 인생人生은 다만 백년百年이나 오늘이 가장 지나가기 쉽다. 다행히 하늘과 땅 사이에 태어난 사람은, 인생人生의 즐거움을 몰라도 아니 되고, 또한 허망한 삶에 대한 근심을 품지 않아도 아니 된다.

某解

▸ 범부凡夫의 허망虛妄한 삶에 대해 성현聖賢은 어엿비 여겨 대비大悲하나, 범부凡夫는 대개가 태연泰然하다. 자기 고집固執과 쾌락快樂에 젖어 태연泰然하여 견해見解를 바꾸지 않기 때문이다. 그러나 죽음이 다가오면 평안平安을 잃고 두려워한다.

주인 主人

주인主人은 본디 화평하여 물듦이 없나니라

當怒火慾水가 正騰沸處하여 明明知得하며
당노화욕수 정등비처 명명지득

又明明犯著하나니 知的是誰며 犯的又是誰이오 此處에
우명명범저 지적시수 범적우시수 차처

能猛然轉念이면 邪魔便爲眞君矣니라.
능맹연전념 사마변위진군의

분노憤怒의 불길과 욕망欲望의 물결이 끓어오르는 때를 당當하여, 분명히 이것을 알며, 또한 분명分明히 알며 행동行動을 억제抑制할 수 있는 자者가 있나니, 아는 것은 누구이며 억제하는 자는 누구인가?

이러한 때에 굳세게 마음을 돌린다면 사특邪慝한 망심妄心이 문득 참된 주인主人이 되나니라.

某解

▸자기 인생의 주인主人은 자신自身이다. 자신의 인생본원人生本源에 대해 자신이 등한等閑히 하는 것이 어찌 안타까운 일이 아니랴!

모욕 侮辱

모욕侮辱을 받고서 잊으면 곧 모욕이 없다

覺人之詐라도 不形於言하고 受人之侮라도 不動於色이면
각인지사 불형어언 수인지모 부동어색

此中에 有無窮意味하며 亦有無窮受用이니라.
차중 유무궁의미 역유무궁수용

남이 속이는 줄 알면서도 말로 나타내지 않고, 남에게 모욕侮辱을 받을지라도 얼굴빛에 나타내지 않으면, 이 가운데에 무궁無窮한 의미意味가 있으며 또한 무궁無窮한 효용效用이 있으리라.

某解

▸ 공부인工夫人은 남이 원망怨望하고 미워하거나, 속이고 모욕侮辱해도 초연超然할 줄 알아야 한다. 만약 초연超然에 나아가지 못하면 공부를 크게 이루기기 어렵다.

진덕 進德

덕德에 나아가려면

德隨量進하고 量由識長하나니 故로 欲厚其德이면
덕 수 양 진 　 량 유 식 장 　 고 　 욕 후 기 덕

不可不弘其量이요 欲弘其量이면 不可不大其識이리라.
불 가 불 홍 기 량 　 욕 홍 기 량 　 불 가 불 대 기 식

덕德은 도량度量을 따라 나아가고 도량度量은 식견識見으로 말미암아 넓어진다. 그러므로 그 덕德을 두터이 하고자 한다면 그 도량度量을 넓히지 않을 수 없고 그 도량度量을 넓히고자 한다면 그 식견識見을 크게 하지 않을 수 없는 것이다.

某解

▸ 공부工夫에 나선 이가 그릇이 작다면 키워야 하고, 식견識見이 좁다면 넓혀야 한다. 그릇이 작으면 한 모퉁이 소견所見으로 등불로 여기고, 식견識見이 좁으면 앞 사람의 노력과 지혜智慧의 드밝음을 존숭尊崇하지 아니하고, 스스로 가벼이 자대自大하는 것이다. 고금古今에 자대병自大病을 앓은 이가 헤아릴 수 없이 많다.

반조 返照

고요한 때를 얻어 반조返照하라! 반드시 알게 될 것이다

一燈螢然에 萬籟無聲은 此吾人初入宴寂時也요
일 등 형 연 만 뢰 무 성 차 오 인 초 입 연 적 시 야

曉夢初醒에 群動未起는 此吾人初出混沌處也니
효 몽 초 성 군 동 미 기 차 오 인 초 출 혼 돈 처 야

乘此而一念廻光하여 炯然返照하면 始知耳目口鼻가
승 차 이 일 념 회 광 형 연 반 조 시 지 이 목 구 비

皆桎梏이요 而情欲嗜好가 悉機械矣리라.
개 질 곡 이 정 욕 기 호 실 기 계 의

등잔불이 반딧불처럼 가물거리고 만상萬象의 소리 고요해지면 우리들이 비로소 편안便安히 잠들 때요, 새벽꿈에서 막 깨어나고 뭇 군상群像의 움직임이 아직 일어나지 않을 적이 내가 비로소 혼돈混沌에서 빠져나올 기회機會인 것이다.

이때를 놓치지 않고, 한 생각 돌이켜 참나[眞我]를 비추어 보라! 마침내 알게 되리라! 이목구비耳目口鼻가 다 질곡桎梏이요, 정욕情欲과 기호嗜好가 모두 마음을 타락墮落시키는 병처病處임을-

▮ 某解

▸ 공부工夫의 방도方道에, 적정寂靜으로 회광반조廻光返照하여 익으면, 문득 찰나에 개오開悟하는 것이다. 간단間斷없이 꾸준히 오래토록 노력하면 필경에 개오開悟할 것이다. 다른 길은 없다.

군자君子의 도道

군자君子의 도道는 오직 진심眞心에 있나니

事業文章은 隨身銷毁로되 而精神은 萬古如新이요
사업문장 수신소훼 이정신 만고여신

功名富貴는 逐世轉移로되 而氣絶은 千載一日이니 君子는
공명부귀 축세전이 이기절 천재일일 군자

信不當以彼易此也니라.
신부당이피역차야

사업事業과 문장文章은 몸과 더불어 사라지지만, 올곧은 정신精神은 만고萬古에 늘 새롭다.

공명功名과 부귀富貴는 세상世上을 따라 바뀌지만 기절氣絶은 천년千年이 하루와 같도다. 군자君子는 진실眞實로 마땅히 저것으로써 이것을 바꾸지 말지니라.

某解

▸ 군자君子의 도道란 망심妄心을 쉬어 진심眞心을 회복回復하는 것이다. 만약 진심眞心을 회복하면 곧 대현大賢인 것이다.

감무예 鑑無翳

만약 거울에 티끌이 없으면 본래의 맑음이 드러나리니

水不波則自定하고 鑑不翳則自明이라. 故로 心無可淸이니
수불파즉자정 감불예즉자명 고 심무가청

去其混之者면 而淸自現하며 樂不必尋이니 去其苦之者면
거기혼지자 이청자현 낙불필심 거기고지자

而樂自存이니라.
이락자존

물은 물결이 일지 않으면 저절로 고요하고, 거울은 흐리지 않으면 저절로 맑아진다. 그러므로 마음을 맑게 하려고 애쓸 필요가 없다.

그 흐리게 하는 것을 없애면 맑음이 저절로 나타날 것이요, 즐거움을 찾으려고 애쓸 필요가 없나니 그 괴롭게 하는 것을 없애면 즐거움을 저절로 있게 되리라.

某解

▸ 원각경圓覺經의 일예재안一翳在眼 공화난추空華亂墜의 설명이다. 눈에 하나의 티끌이 들면 헛꽃이 어지러이 보인다. 범부가 성인과 체성體性이 다르지 아니하나, 다만 하나의 티끌 정념情念이 범부병凡夫病의 원인原因인 것이다. 만약 티끌을 없애면 옛 사람과 어깨를 나란히 하여 무사無事와 무등無等의 태평가太平歌를 부르게 되리라.

거덕 居德

선비가 덕德에 거처하려하지 않는다면, 더 볼 것이 있겠는가?

節義가 傲青雲하고 文章이 高白雲이라도 若不以德性으로 陶鎔之하면 終爲血氣之私하고 技能之末이니라.

(절의 오청운 문장 고백운 약불이덕성 도용지 종위혈기지사 기능지말)

선비의 절의節義가 청운青雲을 내려다볼 만하고 문장文章이 백운白雲보다 높을지라도, 만약 덕성德性으로써 이를 도야陶冶하지 않는다면 마침내 사사私邪로운 혈기血氣와 말단末端의 재주가 되고 말리라.

某解

▸ 거덕居德이라! 자성自性의 명덕明德을 구求하지 않는 선비는 말사末士이다. 선비가 덕德에 거처하려하지 않는다면 더 볼 것이 있겠는가?

진심 眞心

진심眞心은 모든 사람의 뿌리이다

心者는 後裔之根이니 未有根不植而枝葉榮茂者니라.
심자 후예지근 미유근불식이지엽영무자

마음[眞心]이란 뒷사람의 뿌리이다. 뿌리가 뽑히고도 가지와 잎이 무성茂盛한 일은 이제까지 있지 아니하다.

某解

▸ 진심眞心을 알지 못하고 꾸리는 인생人生은 몽환夢幻에 노닐다가 악몽惡夢 속으로 떠나는 것과 것이다.

자보自寶와 수학修學

사람마다 自足한 자기 보배를 닦아 밝힘이 어찌 작은 일이리오

前人이 云하되 抛却自家無盡藏하고 沿門持鉢效貧兒라 하고
전인 운 포각자가무진장 연문지발효빈아

又云하되 暴富貧兒休說夢하라 誰家竈裡火無烟이리오하니
우운 폭부빈아휴설몽 수가조리화무연

一箴自昧所有요 一箴自誇所有니 可爲學問切戒니라.
일잠자미소유 일잠자과소유 가위학문절계

옛사람이 이르기를, '자기 집의 무한無限한 재산財産을 버려두고, 밥그릇 들고 이집 저집 거지 노릇 하는가?'라 하였다. 또 이르기를, 벼락부자가 된 가난한 사람아, 꿈 이야기 하지 말라. 뉘 집 부엌인들 불 때면 연기나지 않으랴!'라 하였다.

하나는 스스로 가진 보배에 어두움을 경계警戒한 것이요, 다른 하나는 가진 것을 스스로 자랑삼음을 경계警戒한 것이니, 학문學問의 간절懇切한 계명戒名로 삼아야 하리라.

某解

▸ 위는 법화경法華經의 비유比喩, 범부凡夫의 본래구족本來具足을 인용하여 설명한 것이다.

도道와 학문學問

道는 모든 사람이 나아갈 바요, 學問은 사람답게 사는 길이다

道는 是一種公衆物事니 當隨人而接引이요 學은
도 시일종공중물사 당수인이접인 학

是一個尋常家飯이니 當隨事而警惕이니라.
시일개심상가반 당수사이경척

도道는 공중公衆의 것이니 마땅히 사람마다 이끌어 인도引導하여야 할 것이요, 학문學問은 날마다 먹는 밥과 같으니 마땅히 일마다 깨우쳐 삼가해야 할지니라.

某解

▸ 도道는 모든 사람이 반드시 나아갈 바요, 학문學問은 하나하나 배워 익혀 세상 속에서 범부답게 사는 길이다.

소요편逍遙篇 第37目

근여검 勤與儉

君子의 勤과 儉은 世妄과 情念을 잊고 性을 따름이거니

勤者는 敏於德義어늘 而世人은 借勤而濟其貧하고 儉者는
근자 민어덕의 이세인 차근이제기빈 검자

淡於貨利어늘 而世人은 假儉以飾其吝하나니
담어화리 이세인 가검이식기린

君子持身之符가 反爲小人營私之具矣라 惜哉로다.
군자지신지부 반위소인영사지구의 석재

부지런함이란 도덕道德과 의리義理에 민첩敏捷한 것을 말함인데, 세상 사람들은 부지런함을 빌어 그 가난함을 구제救濟하는구나!

검소儉素란 재물財物과 이익利益에 담백淡白한 것을 말함인데, 세상 사람들은 검소儉素를 빌어 그 인색吝嗇함을 꾸미는구나!

군자君子가 몸을 닦는 방법方法이 전도顚倒되어, 소인小人이 사욕私欲을 도모圖謀하는 도구道具가 되고 있으니 애석哀惜한 일이로다.

某解

▸ 군자君子의 수양방법修養方法이 전도顚倒되었다는 것은 공자의 가르침이 과거科擧의 암기과목暗記科目이 되고 말았다는 뜻이다.

군자君子의 근勤과 검儉은 정념情念을 쉬어 성性을 따르는 공부의 문門이다.

정식해오 情識解悟

정념情念의 인식認識으로 깨달은 것은 망견妄見이다

憑意興作爲者는 隨作則隨止하나니 豈是不退之輪이리오
빙의흥작위자 수작즉수지 기시불퇴지륜

從情識解悟者는 有悟則有迷하나니 終非常明之燈이니라.
종정식해오자 유오즉유미 종비상명지등

즉흥卽興으로 시작始作한 일은, 시작始作하자마자 곧 그치게 되나니 어찌 물러서지 않는 수레바퀴라 하랴.

정념情念의 인식認識에 따라 깨달은 것은, 깨닫자마자 곧 혼미昏迷하게 되나니, 끝내 항상히 밝은 등불이 되지 못한다.

某解

▸ 망견妄見이란 정념情念으로 인식認識하여 학습學習한 지식知識과 고집固執이다.

심허즉성현 心虛則性現

마음에 정념情念이 없으면 성性이 나타난다

心虛則性現하나니 不息心而求見性은 如撥波覓月이요
심 허 즉 성 현　　　불 식 심 이 구 견 성　　여 발 파 멱 월

意淨則心淸하나니 不了意而求明心은 如索鏡增塵이니라.
의 정 즉 심 청　　　불 료 의 이 구 명 심　　여 색 경 증 진

마음에 정념情念이 없어야 성性이 나타난다. 정념情念을 쉬지 아니하고 견성見性을 구한다면, 이는 마치 情念의 물결을 헤치면서 심월心月을 찾는 것과 같다.

의意가 적정寂淨하면 마음이 맑아진다. 의意의 내용을 밝히 알지 못하고 명심明心을 구한다면, 이는 마치 거울의 맑음을 찾으면서 먼지를 더하는 것과 같다.

某解

▸ 이 구절句節은 채근菜根의 난해처難解處이다.

▸ 心生則種種法生　　망심이 생하면 온갖 법이 생하고
　心滅則種種法滅　　망심이 멸하면 온갖 법이 멸하니라.

위의 게송에서 심心이 망심妄心인 줄 스스로 통해通解하였다면, 구건지견垢愆知見에 나아갔다고 할 수 있다. 본문은 홍자성洪自誠의 견처見處이다. 이 구절의 때에 홍자성이 천망지견天網知見에 나아갔다고 하겠다. 본문의 心虛則性現은 心滅則性現과 같은 뜻이다.

소요편逍遙篇 第40目

심체 心體

마음의 체體는 태허太虛와 동체同體니라

心體는 便是天體라. 一念之喜는 景星慶雲이요 一念之怒는
심체 변시천체 일념지희 경성경운 일념지노

震雷暴雨요 一念之慈는 和風甘露요 一念之嚴은
진뇌폭우 일념지자 화풍감로 일념지엄

烈日秋霜이니 何者少得이리오. 只要隨起隨滅하여
열일추상 하자소득 지요수기수멸

廓然無碍하나니 便與太虛同體니라.
곽연무애 변여태허동체

마음의 체體가 곧 하늘의 체體이다. 하나의 기쁜 생각은 빛나는 별이며 상서祥瑞로운 구름이요, 하나의 노여운 생각은 진동振動하는 우뢰며 쏟아지는 비요, 하나의 자비慈悲로운 생각은 따뜻한 바람이며 달콤한 이슬이요, 하나의 엄嚴한 생각은 뜨거운 햇빛이며 가을 서릿발이니, 그 어느 것인들 없어서 되는 것이랴.

다만 모름지기 때에 따라 일어나고 때에 따라 없어져서 훤하게 막힘이 없어야만 문득 태허太虛와 더불어 동체同體가 되리라.

某解

- 태허太虛는 진심眞心의 이명異名이다.

소요편逍遙篇 第41目

성성惺惺과 적적寂寂

성성惺惺과 적적寂寂이 두 물건이 아니다

無事時엔 心易昏冥이니 宜寂寂而照以惺惺하고 有事時엔 心易奔逸이니 宜惺惺而主以寂寂이니라.
무사시 심이혼명 의적적이조이성성 유사시 심이분일 의성성이주이적적

일이 없을 때에는 마음이 어두워지기 쉬운지라, 마땅히 적적寂寂으로 비추면서 성성惺惺해야 한다. 일이 있을 때에는 마음이 흩어지기 쉬운지라, 마땅히 성성惺惺으로 주인主人이 되어 적적寂寂에 거처해야 한다.

▮ 某解

▸ 관조觀照가 순숙純熟한 이는 회광반조廻光返照에 성성惺惺하여 집중執中해야 하고, 처음 개오開悟한 이는 적적寂寂으로 비추면서 성성惺惺에 해맑게 거처해야 한다. 만약 자시自是하여 방일放逸하면 곧 퇴보退步하게 된다.

평범 平凡

평범平凡한 걸음에 참 지혜가 있다

陰謀怪習과 異行奇能은 俱是涉世的禍胎니라.
음모괴습 이행기능 구시섭세적화태

只一個庸德庸行이 便可以完混沌而召平和이니라.
지일개용덕용행 변가이완혼돈이소평화

음흉陰凶한 계략計略, 괴이怪異한 습관習慣, 이상한 행동, 기이奇異한 능력能力 등은 다 세상을 살아가는 데 있어 재앙災殃의 씨가 되는 것이다. 다만 하나의 평범平凡한 덕성德性과 평범平凡한 행실行實만이 가히 혼돈混沌을 쉬게 하여 화평和平을 부를 수 있느니라.

某解

▸ 시비是非와 계급階級이 끊어지고, 평등平等과 자유自由가 일상日常에 흔연欣然한 것을 평범平凡이라 한다. 본래의 덕성德性이 평범平凡한지라, 행실行實이 평범平凡하며, 만민萬民이 평범平凡을 회복回復하면, 만사萬事가 평평平平하게 되는 것이다.

고집 固執

고집은 맑고 고요함에 거처해야 한다

縱欲之病은 可醫나 而執理之病은 難醫요 事物之障은
종욕지병 가의 이집리지병 난의 사물지장

可除나 而我理之障은 難除니라.
가제 이아리지장 난제

욕심欲心을 함부로 부리는 병病은 고칠 수 있지만 이론理論을 고집固執하는 병病은 고치기 어렵고, 사물事物의 막힘은 없앨 수 있지만 의리義理의 막힘은 없애기 힘드니라.

某解

▸ 고집固執의 대괴大魁는 외도外道의 망두병亡頭病이요, 고집固執의 중괴中魁는 정념情念을 진심眞心으로 여기는 견해見解이다. 괴魁는 수령의 뜻이다.

지요양망 只要兩忘

다만 양쪽 다 잊음이 가할지니

處世엔 不宜與俗同이요 亦不宜與俗異하며 作事엔
처세 불의여속동 역불의여속이 작사

不宜令人厭이요 亦不宜令人喜니라.
불의영인염 역불의영인희

처세處世에 있어 세속世俗과 같아도 옳지 않고 또한 세속世俗과 달라도 옳지 않네라.

일을 도모圖謀함에 남들이 싫어해도 아니 되지만, 남들을 기쁘게 하여도 마땅하지 않느니라.

■ 某解

▸ 심心과 경계境界를 양망兩忘한 연후라야 조금은 진로塵勞를 벗어났다고 하리라.

소요편逍遙篇 第45目

만년정신 晩年精神

군자君子는 만년에 정신精神을 더욱 새로이 한다

日旣暮而猶烟霞絢爛하고 歲將晩而更橙橘芳馨하나니 故로
일 기 모 이 유 연 하 현 란 세 장 만 이 갱 등 귤 방 형 고

末路晩年을 君子更宜精神百倍니라.
말 로 만 년 군 자 갱 의 정 신 백 배

날은 이미 저물었으나 오히려 노을은 아름답고, 한 해가 저무나니 등자橙子와 귤橘은 새로운 향기香氣를 풍겨내누나. 그러므로 인생人生의 끝 길인 만년晩年에 군자君子는 새로이 두렷 해맑은 정신精神을 백배百倍나 더해야 하나니라.

某解

日暮煙霞加美爛　　해 저무니 안개 노을 더욱 아름답고녀,
歲寒風月醒梅香　　歲寒의 風月이 梅香을 깨우누나!
耆老晩年觀人世　　耆老의 晩年에 인간세상 觀하노니
兀兀惺惺唯一路　　오직 한길이라, 兀兀히 惺惺하고저.

무정 無情

정념情念이 없어야 지인至人의 문을 연다

冷眼觀人하고 冷耳聽語하며 冷情當感하고 冷心思理니라.
냉안관인 냉이청어 랭정당감 냉심사리

무정無情한 눈으로 사람을 보고, 무정無情한 귀로 말을 들으며, 무정無情한 정情으로 느낌에 당하며, 무정無情한 마음으로 이치理致를 생각해야 할지니라.

某解

▸ 무정無情에 계합契合하지 아니고서, 어찌 도道를 만나랴!

심융신흡 心融神洽

마음이 원융圓融하면 신명神明이 윤택潤澤하다

善讀書者는 要讀到手舞足蹈處하나니 方不落筌蹄하고
선독서자 요독도수무족도처 방불락전제

善觀物者는 要觀到心融神洽時하나니 方不泥迹象이니라.
선관물자 요관도심융신흡시 방불니적상

책을 잘 읽는 사람이라면 글을 읽어서 저절로 손발이 움직이며 춤추는 경지境地에 이르도록 해야 하나니, 그리해야만 비로소 형식形式, 통발과 올무에 떨어지지 않으리라. 사물事物을 잘 관찰觀察하는 사람은 심신心身이 만물萬物과 한 몸이 되는 경지에 이르도록 관찰觀察해야 하니, 그리해야만 비로소 모습에 얽매이지 않으리라.

某解

▸ 무릇 성인聖人의 책을 읽는 이가 해맑음에 거처居處하여 독서삼매讀書三昧에 든다면, 뒷날의 세월歲月에 반드시 밤을 밝히는 명월明月이 될 것이다.

천현일인 天賢一人

허공은 한 사람의 성현聖賢을 내어 뭇 사람을 구한다

天賢一人하여 以誨衆人之愚어늘 而世反逞所長하여
천현일인 이회중인지우 이세반정소장

以形人之短하고 天富一人하여 以濟衆人之困이어늘
이형인지단 천부일인 이제중인지곤

而世反挾所有하여 以凌人之貧하나니 眞天之戮民哉인저.
이세반협소유 이능인지빈 진천지륙민재

허공天은 한 사람을 현명賢明하게 하여 뭇 사람의 어리석음을 깨우치게 한다. 세상 사람은 도리어 자신의 잘함을 뽐내어 다른 사람의 못함을 드러내는도다.

허공天은 한 사람을 부유富裕하게 하여 그로써 뭇 사람의 곤궁困窮을 건지고저 한다. 세상 사람은 도리어 자신이 가진 것을 믿고서 남의 가난을 업신여기니, 참으로 허공虛空의 업화業火를 받을 것이로다.

某解

▸ 달은 밤을 밝히고, 해는 낮을 밝힌다. 한 사람의 대현달사大賢達士가 나타나면, 전성前聖의 도道를 이어 세상의 등불이 되는 것이다. 대현달사大賢達士가 아성亞聖의 경지境地에 이르면 명월明月이 되리라.

상사上士와 중사中士

상사上士는 천도를 논할 수 있으나, 중사中士는

與論學하고 亦可與建功이로되 唯中才的人은
여 논 학 역 가 여 건 공 유 중 재 적 인

多一番思慮知識이라 便多一番億度猜疑하여
다 일 번 사 려 지 식 변 다 일 번 억 도 시 의

事事難與下手니라.
사 사 난 여 하 수

상재上才의 선비와는 가히 더불어 학문學問을 논論하고 또한 함께 공功을 도모할 수 있다. 오직 중재中才의 선비는 한편으로 생각과 지식知識이 많으나 다른 한편으로는 억측臆測과 시의猜疑가 많아서, 일마다 함께 하기가 어려우니라.

▮ 某解

▸ 논어論語에 중인中人 이상以上이라야 어상語上이라 하였다. 심사心思가 해맑고 세상을 잊은 이가 중인中人이다. 상어上語는 성性과 천天의 지의至意이다. 중인中人 이상以上은 상사上士를 가리킨다.

불우불구 不憂不懼

군자君子는 불우불구不憂不懼니라

君子는 處患難而不憂하나 當宴遊而惕慮하며
군자 처환난이불우 당연유이척려

遇權豪而不懼하나 對惸獨而驚心이니라.
우권호이불구 대경독이경심

군자君子는 환란患亂에 처해서는 근심하지 않으나, 연유宴遊를 당하여는 근심한다. 군자君子는 권세權勢 있는 이를 만나서는 두려워하지 않으나, 아무 것에도 의지依支하지 않는 이를 만나면 놀라워한다.

某解

▸ 논어論語에 군자君子는 불우불구不憂不懼니라－라 하였다. 우憂와 구懼는 칠정七情이요, 여기서 칠정七情의 통칭이니 곧 범부의 마음이다. 고로 군자君子는 칠정七情이 없다는 것이다. 어찌하여 그러한가? 성인에게 배워 밝혀야 한다. 칠정七情이 없으므로 홍생洪生이 아무 것에도 의지依支하지 않는다고 하는 것이다.

의지依支하지 않는 곳이란 정념情念이다. 금강경金剛經의 '應無所住 以生其心'의 무주처無住處 역시 정념情念이다. 정념情念이란 중생衆生의 오래된 병病이다. 병病을 병病이라 통해通解한다면, 정념情念

에 머묾을 부끄럽게 여기고 정심淨心을 향하게 될 것이다.

계사繫辭에 이 도道를 백성이 일용日用하나 스스로 부지不知한다고 하였다. 사람사람이 장덕부지藏德不止의 명덕明德을 갖추고 있으나, 미혹迷惑하여 알지 못할 뿐이라는 것이다. 그러나 생각으로 도道를 헤아리는 학자들은 칠정七情의 굴레 속에서 일생을 보내며 무어라 무어라 주장하며 고집을 피운다. 성인聖人의 말씀을 등지고 허망한 세월을 살다가 세상을 떠나는 것이다. 정이程頤, 주희朱熹 등이 그러하다. 어찌 슬프지 아니한가?

견정 堅貞

굳세고 곧음이라

桃李雖艶이나 何如松蒼栢翠之堅貞이며 梨杏雖甘이나
도리수염 하여송창백취지견정 리행수감

何如橙黃橘綠之馨冽이리오. 信乎라 濃夭는 不及淡久하며
하여등황귤록지형렬 신호 농요 불급담구

早秀는 不如晩成也로다.
조수 불여만성야

복사꽃과 오얏꽃이 비록 고우나 어찌 저 푸른 송백松柏의 굳고 곧음만 같으랴! 배와 살구가 비록 달다 하나, 어찌 노란 유자黃橘와 푸른 형렬馨冽의 맑은 향기와 같으랴! 진실로 알겠도다! 고우면서 일찍 시드는 것은 맑으면서 오래 가는 것에 미치지 못하고, 일찍이 뛰어난 것은 늦게 이루어지는 것보다 못하다는 것을-!

某解

▸ 견정堅貞이란 굳고 곧음이다. 추위가 깊어 눈이 산천을 덮은 연후에 누구나 소나무와 잣나무가 늘 푸른 것을 안다. 그러므로 누구나 도道를 밝히면 자신自身이 우주의 주인主人이요, 만고불변의 당체當體라는 것을 알게 되는 것이다. 공부의 경지는 적이상조寂而常照가 으뜸이다. 황귤黃橘은 유자요, 형렬馨冽은 귤이다.

담담적적 淡淡寂寂

담담淡淡하고 적적寂寂한 경지에 이르러야

風恬浪靜中에 見人生之眞境하고 味淡聲希處에
풍념랑정중 견인생지진경 미담성희처

識心體之本然이니라.
식심체지본연

바람 자고 물결 고요한 가운데서 인생人生의 참 경지境地를 보고, 담허淡虛하고 소리가 드문 곳에서 심체心體의 본연本然을 알 수 있는 것이다.

某解

▸ 담담淡淡하고 적적寂寂한 경지境地를 맛보고, 일상日常에 담담적적淡淡寂寂이 진실眞實되이 나타나면, 개오開悟가 목전目前에 있는 것이다.

채근전집

박노편樸魯篇 52目

素朴과 魯鈍이 道의 씨앗이 되나니 —

박노 樸魯

소박素朴하고 우둔愚鈍함

涉世淺이면 點染亦淺이요 歷事深이면 機械亦深이라. 故로
섭세천 점염역천 역사심 기계역심 고

君子는 與其練達론 不若朴魯하고 與其曲謹으론
군자 여기련달 불약박로 여기곡근

不若疎狂이니라.
불약소광

세상世上과 교섭交涉이 얕으면 더러움에 물드는 것 또한 얕고, 세사世事의 경험經驗이 깊으면 속이는 재주 또한 깊으니라. 그러므로 군자君子는 세상살이에 능란能爛하기보다는 소박素朴하고 우둔愚鈍함이 나으며, 지나치게 예절禮節바르고 겸손謙遜하기보다는 소탈疏脫함이 나으니라.

某解

▸ 고래古來의 달사達士들은 모두가 우둔愚鈍과 소탈疏脫에 거처하여 방외方外의 공부에 힘을 다했다.

짐독 鴆毒

직언直言을 듣고 기뻐해야

耳中에 常聞逆耳之言하고 心中에 常有拂心之事면
이중 상문역이지언 심중 상유불심지사

總是進德修行的砥石이니 若言言悅耳하고 事事快心이면
총시진덕수행적지석 약언언열이 사사쾌심

便把此生하여 埋在鴆毒中矣리라.
편파차생 매재짐독중의

귀는 항상 거슬리는 직언直言을 듣고, 마음에는 허물을 덜어내면 덕德에 나아감에 마음을 닦는 숫돌이 되리라. 듣는 말마다 귀를 기쁘게 하고 일마다 마음이 즐거웁다면 이는 곧 인생人生을 모잡아서 짐독鴆毒 속에 파묻는 것이 되리라.

某解

▸ 짐독鴆毒은 짐새鴆鳥의 깃에 들어 있는 맹렬한 독毒이다. 짐새鴆鳥는 중국 남부, 광동성廣東省과 운남성雲南省에 산다는 새이다.

박노편樸魯篇 第3目

희신 喜神

마음에 해맑은 기쁨이 있어야

疾風怒雨엔 禽鳥도 戚戚하고 霽日光風엔 草木도 欣欣하나니
질풍노우 금조 척척 제일광풍 초목 흔흔

可見天地에 不可一日無和氣요 人心에
가견천지 불가일일무화기 인심

不可一日無喜神이니라.
불가일일무희신

사나운 바람, 성난 비에는 새들도 근심하고, 개인 날씨, 밝은 바람에는 초목草木도 기뻐하나니, 볼지라! 천지天地에는 하루도 온화溫化한 기운이 없어서는 아니 되며, 사람의 마음에는 하루도 해맑은 기쁨이 없어서는 아니 된다는 것을!

某解

▸ 희喜 노怒 우憂 사思 비悲 경驚 공恐은 스스로 짓는 것이다. 범부가 스스로 지은 것에 착식錯識하여 정념情念을 굴려 끝내는 칠정七情으로 자기의 마음으로 삼는 것이다. 허공에 선악善惡이 있는가? 바위에 희노喜怒가 깃들었던가? 바다가 우공憂恐하던가? 모두가 사람이 지은 견해가 아닌가? 만약 희喜 노怒 우憂 사思 비悲 경驚 공恐의 정념情念의 환작幻作인 줄 확인確認한다면, 하루도 해맑은 기쁨이 없을 수 없는 것이다.

담박 澹泊

해맑은 정신이 범부의 본성이다

藜口莧腸者는 多氷清玉潔하고 袞衣玉食者는
려 구 현 장 자 　 다 빙 청 옥 결 　 곤 의 옥 식 자

甘婢膝奴顔하나니 蓋志以澹泊明하고 而節從肥甘喪也니라.
감 비 슬 노 안 　 개 지 이 담 박 명 　 이 절 종 비 감 상 야

명아주로 국 끓여 먹고 비름으로 창자를 채우는 사람 중에는 얼음처럼 맑고 옥처럼 깨끗한 사람이 많지만, 비단옷을 입고 옥 같이 흰 쌀밥을 먹는 사람 중에는 종노릇 시늉도 달게 여기는 사람이 많다.

대저 지조志操는 담박澹泊함으로써 밝아지고, 절개節槪는 기름지고 달콤한 것을 좇음으로써 잃게 되느니라.

某解

▸ 담박澹泊함이 아니면 허공虛空과 한 몸 되기 어렵고, 청명晴明함이 아니면 어찌 청산靑山과 운수雲水와 더불어 벗할 수 있겠는가?

계종 啓宗

종宗을 가르치고자 함에 이러 이러해야

攻人之惡에 毋太嚴하라. 要思其堪受니라. 教人以善에 毋過高하라. 當使其可從이니라.
공인지악 무태엄 요사기감수 교인이선 무과고 당사기가종

남의 허물을 책하는데 크게 엄嚴하게 말라. 그가 그것을 감당堪當할 수 있는가를 생각해야 한다. 남을 가르침에 너무 높게 하지 말라. 마땅히 그가 따를 수 있는 것으로 해야 하느니라.

某解

▸ 무애대기無碍對機의 교설教說이라야 범부를 깨워 계몽啓蒙할 수 있다. 그 교설教說은 높혀서 가르치지 않으면, 소득이 크지 아니한 것이다. 배우는 이는 범견凡見과 다르기에 생각을 추슬러야 하고, 망견妄見을 지워야하기에 눈을 크게 떠야하며, 세진世塵을 털어내야 하기에 귀를 열어야 하는 것이다.

일낙탐착 一落貪着

한번 욕망에 탐착하면

進德修道에는 要個木石的念頭니 若一有欣羨이면
진덕수도 요개목석적염두 약일유흔선

便趨欲境이니라. 濟世經邦에 要段雲水的趣味니
변추욕경 제세경방 요단운수적취미

若一有貪著이면 便墮危機니라.
약일유탐착 변타위기

덕德에 나아가고 도道를 닦는 데는 모름지기 목석木石같은 부동심不動心을 지녀야 하나니, 만약 한번 탐내고 부러워하는 마음이 생기면 문득 욕심의 땅으로 내달리게 되리라.

세상世上을 구하고 나라를 경륜經綸하는 데는 모름지기 구름과 물의 무념취미無念趣味를 지녀야 하나니, 만약 한번 탐貪내고 집착執着하는 마음을 지니면 문득 위험危險한 지경地境으로 떨어지게 되리라.

某解

▸ 장부심丈夫心이란 대도大道를 향한 부동지不動志요, 경세經世의 지志는 무념無念을 통해通解하여 평등平等을 나투지 못하면, 탐착貪着이나 편벽偏僻에 가깝다. 그러므로 장부심丈夫心과 무념無念의 통해通解를 함께 갖춘 이를 세상을 경륜經綸하는 달재達才라 하는 것이다.

불념불망 不念不忘

생각 안해야 할 것과 잊지 말아야 할

我有功於人은 不可念이나 而過則不可不念이요
아 유 공 어 인 　 불 가 념 　 이 과 즉 불 가 불 념

人有恩於我는 不可忘이나 而怨則不可不忘이니라.
인 유 은 어 아 　 불 가 망 　 이 원 즉 불 가 불 망

내가 남에게 베푼 공功은 생각지 말고, 내가 남에게 허물된 것을 잊지 말아야 한다. 남이 나에게 베푼 은혜恩惠는 잊지 않아야 하고, 남이 나에게 끼친 원망怨望은 잊어야 한다.

某解

▸ 베품에는 함이 없이 베풀고, 빚진 것은 잊지 말고 배 이상으로 갚아야 한다. 이는 넉넉한 선비가 행해야 할 바이다. 인과因果의 도리에서 보건대, 베품은 평등平等을 넓히고 따뜻함을 나누는 것이니, 이 같지 아니하면 도학道學을 배워도 구이지학口耳之學에 머무는 자者이다. 또한 매사에 원망怨望하지 아니하는 이는 근심과 두려움이 없을 것이다.

박노편樸魯篇 第8目

심지 心地

허공을 배우다

心地乾淨이라야 方可讀書學古니라
심지건정 방가독서학고

마음바탕이 허공虛空처럼 해맑아야 책을 읽어 성인聖人의 도道를 배울 수 있다.

某解

▸ 마음에 정념情念의 군더더기가 가득하면, 도道를 배워도 이근지도耳根之道에 머문다. 마음에 명예名譽와 탐욕貪欲을 온전히 쉬어야 도道에 가깝기 때문이다.

학자 學者

청량과 소탈이 어우러야

學者는 要有段兢業的心思하되 又要有段瀟灑的趣味니라.
학자 요유단긍업적심사 우요유단소쇄적취미

若一味斂束淸苦면 是는 有秋殺無春生이니
약일미렴속청고 시 유추살무춘생

何以發育萬物이리오.
하이발육만물

학문學問하는 이는 일단一段의 삼가는 마음씨가 있어야 하며 또한 시원스런 멋이 있어야 한다. 만약 한가지로 단속團束하여 청렴결백淸廉潔白하기만 한다면 이는 가을의 살기殺氣만 있고 봄의 생기生氣가 없음이니 어찌 만물萬物을 기를 수 있겠는가.

▮ 某解

▸ 소쇄瀟灑란 깨끗하여 시원함이요, 긍긍兢兢이란 삼가고 또 삼가함이다. 소쇄瀟灑와 긍긍兢兢이 조화造化를 이루어야 선비의 주변에 화기和氣가 생하는 것이다. 화기和氣란 청정광명지기淸淨光明之氣의 다른 이름이다.

진렴대교 眞廉大巧

참 청렴은 이름이 없고, 큰 기교機巧는 교술巧術이 없다

眞廉은 無廉名이니 立名者는 正所以爲貪이요 大巧는
진렴 무렴명 입명자 정소이위탐 대교

無巧術이니 用術者는 乃所以爲拙이니라.
무교술 용술자 내소이위졸

참 청렴淸廉은 청렴淸廉하다는 이름이 없나니, 이름을 드러내는 사람은 이름을 탐하기 때문이다. 큰 기교機巧는 교묘巧妙한 재주가 없나니, 재주를 부리는 사람은 곧 졸렬拙劣하기 때문이다.

某解

▸ 장자莊子에 "무릇 대도大道는 불칭不稱이요, 큰 말은 불언不言이다. 대인大仁은 불인不仁이요, 대렴大廉은 겸손謙遜이 아니니며 대용大用은 대도大道를 거스러지 아니한다."라 하였다. 그러므로 말로써 도道를 드러냈다고 하면 도道가 아니며, 말로써 분별해도 미치지 못하는 것이다. 이는 끝없는 말잔치를 하는 것이 아니다. 오직 자기의 진심眞心에 계합해야 대도大道를 알 수 있다는 뜻이다. 대도大道는 본디 참되나 사람들의 견해見解가 정情에 치우치므로 모나게 인식된 것이다.

천기 天氣

천지의 기미機微는 기량을 부리지 않는다

天地機緘은 不測하여 抑而伸하고 伸而抑하나니
천지기함 불측 억이신 신이억

皆是播弄英雄하고 顚倒豪傑處니라. 君子는
개시파롱영웅 전도호걸처 군자

只是逆來順受하고 居安思危하여
지시역래순수 거안사위

天亦無所用其伎倆矣니라.
천역무소용기기량의

천지天地의 기미機微는 헤아릴 수 없다. 눌렀다가는 펴고, 폈다가는 누른다. 모든 영웅英雄을 희롱戱弄하고 호걸豪傑을 거꾸러뜨린다. 그러나 군자君子는 횡역橫逆이 오면 순順으로 맞이하며, 편안便安할 때 위난危難을 생각하나니, 허공天도 그 기량伎倆 부릴 수 없는 것이다.

某解

▸ 군자君子의 마음은 무성무취無聲無臭하며, 불가불손不加不損하며, 마이불린磨而不磷이며, 날이불치涅而不緇하며, 분이불열焚而不熱하여 허공과 같다. 누가 시켜서 그러한 것이 아니요, 본래 그러한 것이다. 그러기에 군자君子의 마음은 적연부동寂然不動이라하고 그 경지境地를 도추道樞라 한다. 도추道樞란 이것과 저것의 상대적 관념觀念이 끊어진 경지이다. 그러므로 군자君子는 횡역橫逆을 순順으로 맞이하나니, 허공天도 그 기량伎倆 부릴 수 없는 것이다.

허실 虛實

마음에 정념情念이 비어야 허공이 와서 산다

心不可不虛일지니 虛則義理來居하며 心不可不實일지니
심 불 가 불 허 　 허 즉 의 리 래 거 　 심 불 가 불 실

實則物欲不入이니라.
실 즉 물 욕 불 입

마음은 비어 있지 않으면 아니 된다. 비어 있어야 의리義理가 와서 산다. 마음은 그윽히 차 있지 않으면 안 된다. 그윽히 차 있어야 물욕物欲이 들어오지 못하는 것이다.

某解

▸ 홍생洪生이 "마음은 비어 있지 않으면 아니 된다."함은 미혹측해迷惑測解이다. 진심眞心은 무소유無所有이다. 아무 것도 있지 아니하다. 그러한즉 "마음은 본래 텅 비어 아무 것도 없다."라 하여야 심체心體를 바르게 설명한 것이다. 홍생이 또 "마음은 그윽히 차 있지 않으면 안 된다."라 함도 거칠다. 진심眞心은 허이조虛而照라, 텅 비었으면서 한량없이 비추운다. 그러므로 "만유萬有를 담으나 담은 바가 없으며, 만사萬事를 나투나 머무름이 없다."고 해야 가까운 것이다. 비록 소견이 열렸더라도 강설講說하고 문장文章을 꾸밈에 허물이 드러나는 것이다. 대지大智가 열리고 무소불통無所不通의 변재辯才가 따르면 허虛와 실實을 보충하는 논리가 절로 허물을 지워 뒷날의 귀감龜鑑이 되는 것이다.

아량 雅量

기다리고 널리 용납해야 큰 선비이다

地之穢者는 多生物하고 水之淸者는 常無魚니라. 故로 君子는
지지예자 다생물 수지청자 상무어 고 군자

當存含垢納汚之量하고 不可持好潔獨行之操니라.
당존함구납오지량 불가지호결독행지조

穢예 : 더럽다. 거칠다

땅이 티끌로 더럽혀지면 초목草木이 무성茂盛해지고, 맑은 물에는 언제나 고기가 없다. 그러므로 군자君子는 마땅히 때 묻은 것을 감싸고 더러운 것을 받아들이는 아량雅量을 지녀야 한다. 결백독행潔白獨行의 절조節操는 가하지 아니하다.

某解

▸ 여기서 홍생洪生이 "갈아도 닳지 않음과 더럽혀도 물들지 않음"을 말한다. 작은 의미를 두어 선비의 아량雅量을 이른 것이다.

용단찰교 容斷察矯

너그러이 잘 판단하며, 밝고 곧아야 두렷한 선비이다

清能有容하고 仁能善斷하며 明不傷察하고 直不過矯면
청능유용 인능선단 명불상찰 직불과교

是謂蜜餞不甛이요 海味不醎이니 纔是懿德이니라.
시위밀전불첨 해미불함 재시의덕

맑으면서도 능히 너그럽고, 어질면서도 능히 판단判斷을 잘하며, 밝으면서도 지나치게 살피지 않고, 곧으면서도 지나치게 따지지 않는다면, 이는 이른바 꿀 바른 음식이 달지 않고 해물이 짜지 않음이다. 이야말로 아름다운 덕德이 되는 것이다.

某解

▸ 용단찰교容斷察矯는 선비의 덕목德目이다. 용容은 너그럽게 용납함이요, 단斷은 능히 판단함이다. 찰察은 넉넉히 살핌이요, 교矯는 따뜻하게 바로잡는 것이다.

천자무심 天者無心

허공은 다만 무심無心하거니

貞士는 無心徼福이라 天卽就無心處하여 牖其衷하고 憸人은
정사 무심요복 천즉취무심처 유기충 섬인

著意避禍라 天卽著意中하여 奪其魄하나니 可見天之機權이
착의피화 천즉착의중 탈기백 가견천지기권

最神이라. 人之智巧何益이리오.
최신 인지지교하익

徼요 : 구하다

곧은 선비는 복福을 구하는 마음이 없으므로 허공天이 그 무심無心에 나아가 속을 열어 주고, 간사奸邪한 사람은 화를 피하는 데 집착執着하므로 허공天이 그 집착執着하는 가운데서 넋을 빼앗는다. 보라! 하늘의 기미機微와 권도權道가 가장 신묘神妙함을! 사람의 술지術智와 기교技巧가 무슨 소용이랴!

某解

▸ 올곧은 선비는 선善과 악惡을 함께 잊으며, 복福과 화禍에 희로喜怒하지 아니한다. 사람의 술지術智와 기교技巧는 천박淺薄한 욕망欲望에서 나오기 때문이다. 허공을 보라! 허공이 어떤 마음을 쓰는가?

간후 看後

사람을 볼 때, 반드시 그 생生의 후반後半을 보아야 한다

聲妓도 晩景從良하면 一世之臙花無碍하고 貞婦도 白頭失守하면 半生之情苦俱非니라. 語云, 看人只看後半截하라 하니 眞名言也로다.

성기 만경종량 일세지연화무애 정부 백두실수 반생지정고구비 어운 간인지간후반절 진명언야

기녀妓女일지라도 늘그막에 한 지아비를 따른다면 한평생의 분냄새가 허물될 것이 없고, 정부貞婦일지라도 머리가 세어서 정조貞操를 잃는다면 반평생의 고절苦節이 모두 허사가 된다. 옛말에 이르기를 '사람을 볼 때에는 다만 그 생生의 후반後半을 보라'고 하였으니 참으로 명언名言이다.

某解

▸대저 도학道學을 공부하는 젊은이는 곳곳에 볼 수 있으나, 해맑고도 오롯하게 삼매三昧에 든 늙은이를 보는 것은 드물다. 어찌하여 그러한가? 오래토록 변치 않고 공부하기가 쉽지 않은 까닭이다. 명예와 애욕과 탐욕 등에 한번 물 들면 돌아 나오기가 어려운 것이다. 그런 까닭에 인생의 후반 즉 만년晩年을 보아야 그 사람의 깊이를 알 수 있다. 깊이 없는 행동과 언어言語는 다만 총명聰明의 견문見聞으로 외운 소리에 그치는 것이다.

화기 和氣

은근한 온기溫氣가 가정의 일규一揆이다

家人有過어든 不宜暴怒하고 不宜輕棄니라. 此事難言이어든
가인유과 불의폭노 불의경기 차사난언

借他事隱諷之하고 今日不悟어든 俟來日再警之하되
차타사은풍지 금일불오 사내일재경지

如春風解凍하고 如和氣消氷이니 纔是家庭的型範이니라.
여춘풍해동 여화기소빙 재시가정적형범

집안사람에 잘못이 있으면 지나치게 화禍를 내서도 안 되고 가벼이 흘려버려서도 안 된다. 그 일로 말하기 어려우면 다른 일을 빌어 은근慇懃히 빗대어 깨우쳐야 한다. 오늘 깨닫지 못하면 내일을 기다려 다시 깨우쳐 주어야 한다. 마치 봄바람이 언 땅을 풀고, 온화溫和한 기운氣運이 얼음을 녹이듯 하여야 비로소 가정家庭의 규범規範이 되리라.

某解

▸ 온화溫和한 기운氣運이 아니면 어른 되기 어렵고, 스스로 모범을 보이지 않으면 가정家庭의 규범規範이 되지 못한다. 어떤 세월이라도 이것을 바꿀 수는 없다.

관심 觀心

관심觀心하여 진심眞心을 밝히면 천하를 얻은 것이다

此心常看得圓滿이면 天下는 自無缺陷之世界요
차 심 상 간 득 원 만 천 하 자 무 결 함 지 세 계

此心常放得寬平이면 天下에 自無險側之人情이니라.
차 심 상 방 득 관 평 천 하 자 무 험 측 지 인 정

마음을 관觀하여 항상恒常한 원만圓滿함을 얻으면 천하天下는 스스로 결함缺陷없는 세계가 될 것이요, 마음妄心을 항상恒常히 놓아서 화평和平을 얻으면 천하에 절로 험險한 인정人情이 없을 것이다.

某解

▸ 인생 공부에 관심법觀心法보다 나은 공부는 없다. 그러나 관심법觀心法의 바른 공부와 수양修養은 가까이에 밝은 스승이 없으면 정로正路에 들기가 쉽지 않다. 대개의 스승들이 말은 전현前賢과 비슷하나, 드밝은 경지境地가 있지 아니하여, 자기自己도 구제救濟하지 못하는 것이 말세末世의 사정이다. 숙세宿世의 선근善根이 아니면 수이 정로正路를 밟지 못하는 것이다.

박노편樸魯篇 第19目

박엄 泊嚴

담박澹泊과 엄격嚴格은 선비의 기초이다

澹泊之士는 必爲濃艶者所疑하며 檢飭之人은
담박지사 필위농염자소의 검칙지인

多爲放肆者所忌이니 君子는 處此에
다위방사자소기 군자 처차

固不可少變其操履하고 亦不可太露其鋒芒이니라.
고불가소변기조리 역불가태로기봉망

담박澹泊한 선비는 반드시 이름과 겉치레가 화려華麗한 자의 의심疑心하는 바가 되고, 엄격嚴格한 사람은 자주 방종放縱한 자의 꺼리는 바가 된다. 군자君子는 이러함에 처하여도 진실로 조금도 그 지조志操를 바꾸지 말 것이며, 또한 그 올곧음을 너무 드러내지도 말 것이다.

某解

▸ 박泊은 담박淡泊, 엄嚴은 엄격嚴格이다.

순역 順逆

대저 順은 逆을 몰라 病이 되나, 지혜로운 이는 도리어 逆을 妙藥으로 되돌린다

居逆境中이면 周身이 皆鍼砭藥石이라 砥節礪行而不覺하고
거역경중 주신 개침폄약석 지절려행이부각

處順境內면 眼前이 盡兵刃戈矛라 銷膏磨骨而不知니라.
처순경내 안전 진병인과모 소고마골이부지

역경逆境 가운데 있으면 몸의 주위周圍가 모두 침針이요 약藥이라, 절개節概와 행실行實이 갈고 닦아져도 깨닫지 못하고, 순경順境에 처하면 눈앞이 모두 칼과 창이라, 골수가 녹고 뼈가 깎여도 알지 못한다.

某解

▸ 대저 범부는 순順에 거처하면 역逆을 알지 못해 역逆으로 인하여 우비병憂悲病에 거처한다. 지혜가 담박澹泊에 거처하면 순順과 역逆이 모두 쉬어 지순至順에 나아가는 것이다. 개오開悟하면 모든 역逆을 지순至順으로 변變하게 하는 문門에 든다.

부귀병 富貴病

타고난 부귀는 악귀와 같나니

生長富貴叢中的은 嗜欲如猛火하고 權勢似烈焰이라
생 장 부 귀 총 중 적 기 욕 여 맹 화 권 세 사 열 염

若不帶些淸冷氣味하면 其火焰이 不至焚人이나
약 불 대 사 청 랭 기 미 기 화 염 부 지 분 인

必將自爍矣리라.
필 장 자 삭 의

부귀富貴 속에서 자라난 사람은 그 욕심欲心이 사나운 불길 같고 권세權勢는 성낸 불꽃과 같다. 만약 조금이라도 맑고 서늘한 기운을 띠지 않는다면 그 불꽃이 남을 태우는 데 이르지는 않더라도 장차將次 반드시 자신自身을 태워 버리게 되리라.

某解

▸ 지혜로운 이는 타고난 부귀富貴를 다른 사람에게 나누어 준다. 베푸는 아름다움이 그치지 않는 이의 그 이름이 보살菩薩이다. 누구라도 함이 없는 베품에 거처하면 보살菩薩이 아니리오. 베품의 근저에 만민평등萬民平等의 슬기가 배어 있는 것이다.

묵과 默過

남의 허물과 비밀과 잘못은 잊어라

不責人小過하고 不發人陰私하며 不念人舊惡하라. 三者는 可以養德하고 亦可以遠害니라.
불책인소과 불발인음사 불염인구악 삼자 가이양덕 역가이원해

남의 작은 허물을 꾸짖지 말고, 남의 비밀을 드러내지 말며, 남의 지난날의 잘못을 생각하지 말라. 이 세 가지는 가히 그로써 덕德을 기르고 또한 가히 그로써 해害를 멀리 할 수 있다.

某解

▸ 야소耶蘇가 원수를 사랑하라고 한다. 위대한 가르침이다. 범부가 만약 원수를 사랑할 수 있다면 세상의 풍기風氣가 아름다워질 것이다. 야소耶蘇의 후도後徒들이 믿어 지키는지 알 수 없다.

박노편樸魯篇 第23目

불경불중 不輕不重

몸가짐은 무겁게, 마음씀이는 시원하게

士君子는 持身不可輕이라. 輕則物能撓我하여
사 군 자 지 신 불 가 경 경 즉 물 능 요 아

而無悠閑鎭定之趣이며 用意不可重이니 重則我爲物泥하며
이 무 유 한 진 정 지 취 용 의 불 가 중 중 즉 아 위 물 니

而無蕭灑活潑之機이리라.
이 무 소 쇄 활 발 지 기

선비는 몸가짐을 가벼이 해서는 안 된다. 가벼이 하면 곧 정념情念에 흔들려서 한가롭고 침착沈着한 맛이 없다. 그러므로 마음씀이를 무겁게 하지 말아야 한다. 무겁게 하면 정념情念에 얽매여서 시원柴原하고 활발活潑한 기상氣像이 없어지리라.

▮ 某解

▸ 선비란 해맑은 기상氣像과 독실篤實한 자기 수양修養이 있어야 한다.

양망 兩忘

덕德과 원망怨望 모두 잊게 하는 것이

怨因德彰이라 故로 使人德我론 不若德怨之兩忘이요
원인덕창 고 사인덕아 불약덕원지양망

仇因恩立이라 故로 使人知恩으론 不若恩仇之俱泯이니라.
구인은립 고 사인지은 불약은구지구민

원망怨望은 덕德으로 인해 나타나나니, 사람으로 하여금 나를 덕德 있다고 여기게 하기 보다는 덕德과 원망怨望 모두 잊게 하는 것만 같지 못하다.

원수는 은혜로 인해 생기나니 사람으로 하여금 나의 은혜를 알게 하기 보다는 은혜恩惠와 원수怨讐를 모두 없애는 것만 같지 못하니라.

某解

▸ 덕德을 드러내고 은혜恩惠를 베풂에 유위有爲의 정념情念이 있으면, 원망怨望과 원수怨讐를 짓기도 한다. 그러므로 선비는 덕德과 은혜恩惠와 자기自己를 모두 잊는 공부에 젖어야 한다. 장자莊子는 이를 양망兩忘이라 하였다.

불곡 不曲

뜻은 바루되, 대지大志를 드러내지 아니해야

曲意而使人喜는 不若直躬而使人忌요 無善而致人譽는
곡의이사인희 불약직궁이사인기 무선이치인예

不若無惡而致人毁니라.
불약무악이치인훼

뜻을 굽혀 남을 기쁘게 하는 것은 몸을 곧게 하여 남의 미움을 받는 것만 같지 못하고, 선행先行도 없으면서 남의 기림을 받는 것은 악행惡行이 없으면서 남의 헐뜯음을 받는 것만 같지 못하니라.

某解

▸ 선비는 세상의 기쁨과 슬픔과 기림의 뒤에 있어야 한다. 기쁨과 슬픔과 기림은 정념情念의 그림자이다. 정념情念의 그림자 밖에 있어야 도道에 가까운 것이다.

삼굴 三窟

졸拙과 암暗과 탁濁에 몸을 감추고, 한 걸음 뒤로 물러나서 관조觀照함이 맑은 처세處世이다

藏巧於拙하고 用晦而明하며 寓濟于濁하고 以屈爲伸은
장교어졸 용회이명 우제우탁 이굴위신

眞涉世之一壺요 藏身之三窟也니라.
진섭세지일호 장신지삼굴야

묘교妙巧함을 졸렬拙劣함으로 감추고, 어둠으로써 밝게 하며, 맑음을 혼탁混濁 속에 의탁依託하며 굽힘으로써 근원根源으로 삼는 것은 진실로 세상世上을 살아가는 데 필요必要한 하나의 항아리요, 몸을 보호保護하는데 필요한 삼굴三窟이다.

某解

▸선비가 졸拙과 암暗과 탁濁에 몸을 감추고, 한 걸음 뒤로 물러나서 적연寂然히 관조觀照함에 나아가지 못하면 속사俗士일 따름이다.

무식무조 無識無操

大識 없고 節操 없는 삶이 되어서야

驚奇喜異者(경기희이자)는 無遠大之識(무원대지식)이요 苦節獨行者(고절독행자)는 非恒久之操(비항구지조)일지니라.

신기神奇한 것을 놀라워 하고 이상異常한 것을 좋아하는 사람은 원대遠大한 식견識見이 없고, 괴롭게 절개節槪를 지키며 홀로 살아가는 사람에게는 영원永遠한 지조志操가 없다.

某解

▶ 속사俗士는 신기神奇한 글과 지식知識을 보면 기뻐한다. 세상만사를 한 가닥의 아지랑이로 보지 못할 뿐 아니라, 인생의 본원을 탐구할 엄두도 내지 못하기 때문이다. 세상을 풍미風靡하던 수많은 학자學者와 사상가思想家가 지나간 길에 무엇이 남아 있던가? 어설프고 편벽偏僻된 주장이 구겨져 웅쿠리고 있지 않은가?

체성 體性

마음妄心의 체성體性

霽日靑天도 倏變爲迅雷震電하며 疾風怒雨도
제일청천 숙변위신뢰진전 질풍노우

倏變爲朗月晴空하나니 氣機何常이리오 一毫凝滯요
숙변위랑월청공 기기하상 일호응체

太虛何常이리오 一毫障塞이니 人心之體도 亦當如是로다.
태허하상 일호장색 인심지체 역당여시

개인 날, 푸른 하늘도 갑자기 변變하여 뇌성雷聲 울리고, 번개 치며, 세찬 바람, 성난 비가 오다가 갑자기 변變하여 밝은 달, 맑은 하늘이 된다. 태허太虛의 기기작용氣機作用이 어찌 한결 같을 수 있겠는가?

털끝만큼의 응체凝滯로 이러한 변화變化가 생기나니, 태허太虛에 어찌 항상恒常한 기운만을 나투리오. 털 끝 만큼의 막힘으로 이 같은 변화가 있는 것이다. 사람의 마음의 체성體性도 또한 이와 같다.

某解

▸ "털 끝 만큼의 막힘으로 이 같은 변화가 있는 것이다. 사람의 마음의 체성體性도 또한 이와 같다."는 말에서 사람의 마음人心이란 망심妄心을 뜻한다. 인심人心이 망심妄心인줄 알지 못하면 채근菜根을 열 번 읽어도 공효功效가 없다. 인심人心의 내용이 환幻인 줄 자증自證하게 된다면, 고금古今의 달사達士 바로 뒤에 다가 선 것이라 하겠다.

박노편樸魯篇 第29目

조화 造化

천지天地는 하나의 거룩한 부모父母

吾身은 一小天地也라 使喜怒不愆하고 好惡有則이면
오신 일소천지야 사희노불건 호악유칙

便是燮理的功夫요 天地는 一大父母也라 使民無怨咨하고
변시섭리적공부 천지 일대부모야 사민무원자

物無氛疹이면 亦是敦睦的氣象이니라.
물무분진 역시돈목적기상

나의 몸은 하나의 작은 천지天地이다. 기뻐함과 성냄으로 하여금 허물되지 않게 하고, 좋아함과 싫어함으로 하여금 법도法道가 있게 한다면 곧 천지天地의 조화造化에 합하는 공부工夫가 된다. 천지天地는 하나의 거룩한 부모父母이다. 백성들로 하여금 원망怨望이 없게 하고 만물萬物로 하여금 병病이 없게 한다면 이 또한 화목和睦하는 기상氣像이니라.

▮ 某解

▸ 사람의 몸이 곧 천지天地라는 견해가 아름답다. 그러나 사람의 진심眞心 즉 본래면목本來面目이 천지天地보다 앞 소식이며, 천지天地가 멸진滅盡한 후라도 의연毅然히 존재存在하는 줄 안다면, 인생에 대한 안목을 넓혀야 할 것이다.

여리박빙 如履薄氷

살얼음을 밟듯 진성眞性을 살펴야

青天白日的節義는 自暗室屋漏中培來하고
청천백일적절의 자암실옥루중배래

旋乾轉坤的經綸은 自臨深履薄處操出이니라.
선건전곤적경륜 자임심리박처조출

청천백일青天白日과 같이 빛나는 절의節義는 어두운 밤, 컴컴한 구석에서 길러온 것이고, 천지天地를 뒤흔드는 경륜經綸은 깊은 연못가에 서듯, 살얼음을 밟듯 하는 데서 나오는 것이다.

某解

▸ 여림심연여리박빙如臨深淵如履薄氷의 출처는 시경詩經 소아편小雅篇 소민小旻이다. 증삼曾參이 자기 몸을 잘 보호하고 관리하는 것을 도道로 오해誤解한 것을 뒷 선비가 논어論語에 착편錯篇한 구절이다. 원음原音을 본다.

人之其一　사람들은 하나를 알지만
莫知其他　그 밖은 알지 못하네.
如臨深淵　(인생의 공부는) 살얼음을 밟듯 하고
如履薄氷　깊은 연못가에 서듯 하라.

정념情念의 진체眞體인 성性을 배움에 정찰精察하여 배우라는 뜻이다. 홍생은 낮은 의미로 해석하였다.

박노편樸魯篇 第31目

냉정 冷情

정념이 차가우면 미움이 없다

炎凉之態는 富貴가 更甚於貧賤하고 妬忌之心은
염량지태 부귀 경심어빈천 투기지심

骨肉尤狠於外人이니 此處에 若不當以冷腸하고
골육우한어외인 차처 약부당이냉장

御以平氣하면 鮮不日坐煩惱障中矣리라.
어이평기 선불일좌번뇌장중의

더웠다 싸늘했다 하는 태도態度의 변화變化는 부귀富貴한 자가 빈천貧賤한 자보다 심甚하고, 질투嫉妬하고 시기하는 마음은 육친肉親이 남보다 더욱 사납다. 이러한 처지處地에서 만약 냉정冷情한 마음으로 감당勘當하고 평온平溫한 기운으로 조절調節하지 못한다면 하루도 번뇌煩惱 속에 앉아 있지 않는 날이 드물게 되리라.

▮ 某解

▸ 세상 사람들은 땅에 금을 그으려 전쟁을 하고, 권력을 얻으면 남 위에 군림하며, 부귀를 얻으면 남을 무시하며 부리려 한다. 탐욕과 오만의 인생이라 하겠다. 이러히 천박淺薄하게 자기 인생을 분소糞所에 던지는 것은, 인생이 찰나刹那의 꿈인 것을 알지 못하는 까닭이다. 그리하여 욕망의 노예奴隷로 살다가 허망하게 인생을 마친다. 이러한 인생은 하루동안을 평범한 이웃과 소박하게 대화하고, 따뜻한 미소를 나눔만 같지 못한 것이다. 더욱이 반나절의 묵좌간경默坐看經에 비할 수 있겠는가!

고상 高尙

온화하고 하심下心하는 고상高尙

爵位는 不宜太盛이니 太盛則危하고 能事는 不宜盡畢이니
작위 불의태성 태성즉위 능사 불의진필

盡畢則衰하며 行誼는 不宜過高니 過高則謗興而毁來니라.
진필즉쇠 행의 불의과고 과고즉방흥이훼래

벼슬이 너무 높아서는 아니 되나니, 너무 높으면 위태危殆롭다. 능能한 일은 힘을 다 쓰지 말아야 하나니, 다 쓰면 곧 쇠퇴衰退한다. 행실行實은 너무 고상高尙해서는 아니 되나니, 너무 고상高尙하면 비방誹謗이 일어나고 허물이 다가오리라.

■ 某解

▸ 선비의 삶이 자기自己의 본래면목本來面目을 밝히는데 있다면, 행行은 절로 간소簡素해지고, 겸손謙遜에 순응順應하여, 덕德이 은미隱微하게 서게 되는 것이다.

주인 主人

덕德의 주인主人은 진아眞我

德者는 才之主요 才者는 德之奴니 有才無德은
덕자 재지주 재자 덕지노 유재무덕

如家無主而奴用事矣니 幾何不魍魎而猖狂이리오.
여가무주이노용사의 기하불망량이창광

덕德은 재능才能의 주인主人이고, 재능才能는 덕德의 종이다. 재능才能이 있으면서 덕德이 없다면 이는 마치 주인主人 없는 집에 종끼리 살림하는 것과 같으리라. 어찌 도깨비가 날뛰지 않겠는가.

某解

▸ 덕德이란 자기의 본래면목本來面目 순수純粹의 효용效用이다. 그러므로 대학大學의 삼강三剛에 명명덕明明德이 그 처음인 것이다. 명명덕明明德은 명성明性의 뜻이다. 명성明性은 성性을 밝히라는 의미이니, 명성明性에 뜻을 두지 아니한 선비는 학식學識이 높아도 다만 속사俗士일 뿐이다.

상사 上士

상사上士의 한 마디 말

士君子, 貧不能濟物者는 遇人痴迷處에
사 군 자 빈 불 능 제 물 자 우 인 치 미 처

出一言提醒之하고 遇人急難處에 出一言解救之니
출 일 언 제 성 지 우 인 급 난 처 출 일 언 해 구 지

亦是無量功德이니라.
역 시 무 량 공 덕

도道를 아는 선비로서 가난하여 물질物質로 남을 구하지 못하나, 남이 어리석어 미혹迷惑에 빠져 있을 때, 한 마디 말로 그를 이끌어 깨우쳐 주고, 남이 위급危急한 지경地境에 있을 때 한 마디 말로써 그를 구제救濟해 주어야 한다. 이 또한 무량無量한 공덕功德이다.

某解

▸ 남에게 무심無心으로 베푸는 것이 최상最上의 지혜智慧이다. 세상의 대현달사들이 헌원씨軒轅氏, 요순堯舜, 석가釋迦, 노자老子, 장자莊子, 공자孔子를 존숭하여 배우고 익히는 까닭이 여기에 있는 것이다. 배우는 이가 그 가르침의 요목을 간취看取하면 해맑은 삶에 나아가는 것이다.

병폐 病廢

인정人情의 공통共通된 병폐病廢

饑則附하고 飽則颺하며 燠則趨하고 寒則棄는 人情通患也라.
기 즉 부 포 즉 양 욱 즉 추 한 즉 기 인 정 통 환 야

굶주리면 달라붙고 배부르면 떠나가며, 따뜻하면 달려오고 추워지면 버리는 것, 이것이 인정人情의 공통共通된 병폐病廢이다.

某解

▸ 사람들은 대개가 복福을 구하고, 이익을 따라 양심을 외면한다. 약속約束을 하여도 자고 나면 다른 말을 한다. 그러므로 대지大志의 벗이 드문 것이다. 이러한 병폐病廢를 알았다면 그 병폐病廢를 미워하되 그 사람을 미워하지 말지라, 그 사람을 미워하면 자기에게 허물이 하나 더 생기는 것이다. 밝은 선비는 그저 담박淡泊하게 살아간다. 그러히 사는 모습이 세상의 거울이 되는 것이다.

기상 氣像

원만圓滿하고 활발活潑한 기상氣像

作人에 無點眞懇念頭면 便成個花子리니 事事皆虛하고
작인 무점진간염두 변성개화자 사사개허

涉世에 無段圓活機趣면 便是個木人이니 處處有碍니라.
섭세 무단원활기취 변시개목인 처처유애

사람이 되어 한 점 진실眞實한 마음이 없다면 이는 일개 허수아비일지니 허수아비의 인생은 하는 일마다 모두 헛될 것이다. 세상世上을 살아감에 약간의 원만圓滿하고 활발活潑한 기상氣像이 없다면, 이는 곧 장승일지니 가는 곳마다 다 막힘이 있으리라.

某解

▸ 참[眞]을 구하면 참[眞]에 나아갈 수 있고, 원만圓滿하고 활발活潑한 기상氣像을 갖추고자 하면 반드시 그렇게 되는 것이다. 이는 스스로의 뜻에 있는 것이라, 인생人生이란 홀로 세우고 홀로 가는 것이다.

박노편樸魯篇 第37目

산옹山翁과 초려草廬와 고덕古德

山翁과 草廬와 친하고 古德을 생각하라

交市人은 不如友山翁하고 謁朱門은 不如親白屋하며
교 시 인 불 여 우 산 옹 알 주 문 불 여 친 백 옥

聽街談巷語는 不如聞樵歌牧詠하고 談今人失德過擧는
청 가 담 항 어 불 여 문 초 가 목 영 담 금 인 실 덕 과 거

不如述古人嘉言懿行이니라.
불 여 술 고 인 가 언 의 행

시정市政의 사람과 사귀는 것은 산촌山村의 늙은이를 벗함만 같지 못하고, 권문세가權門勢家의 대문大門에 배알拜謁하는 것은 오막살이와 친親함만 같지 못하며, 거리에 뜬 소문所聞을 듣는 것은 나무꾼이나 목동牧童의 노래를 들음만 같지 못하다.

지금 사람의 실덕失德과 허물을 이야기하는 것은 옛사람의 아름다운 말과 행실行實을 이야기함만 같지 아니하다.

某解

▸ 홍생洪生이 산촌山村의 늙은이와 목동牧童에게서 무엇을 배운다고 하는가? 소박素朴이다. 소박素朴은 총명聰明과 학식學識으로 이루어지지 아니한다. 노자老子가 소박素朴을 말하는 것은 소박素朴이 인仁의 다른 이름이기 때문이다. 산노山老와 초부樵夫가 한 가닥의 소박素朴을 보이는 것은 허욕虛欲이 없기 때문이다. 소박素朴은 허욕虛欲을 쉬면 불현 듯 나타나는 것이다.

덕 德

덕德은 인생人生의 기초基礎

德者는 事業之基니 未有基不固而棟宇堅久者니라.
덕자 사업지기 미유기불고이동우견구자

덕德은 인생人生의 기초基礎이다. 기초基礎가 튼튼하지 못하고서도 그 집이 오래 견딘 일은 이제까지 없었다.

某解

▸ 공자孔子께서 수사선도守死善道하라고 하였다. 목숨 걸고 인생人生의 본원本源을 공부하라는 뜻이다. 덕德을 밝히는 일을 인생人生의 대사大事로 삼고, 위도망구爲道忘軀의 정신으로 노력해야 가능하다는 뜻이다. 대개의 선비는 세사世事의 흥취興趣를 즐기며, 공자의 글을 읽어 기억記憶하는 것으로 도道를 삼는다.

돌아보라! 인생人生이란 자기自己의 일이 아닌가? 자기의 본면本面에 미혹迷惑하며, 자기의 일에 등한等閑하면서 선비니 지식인知識人이니 하는 이름을 붙이는 자여! 부끄럽지 아니한가?

후적 厚的

먼저 관후寬厚를 베풀고 기다려야

念頭寬厚的은 如春風煦育하여 萬物이 遭之而生하고
염두관후적 여춘풍후육 만물 조지이생

念頭忌刻的은 如朔雪陰凝하여 萬物이 遭之而死니라.
염두기각적 여삭설음응 만물 조지이사

생각이 너그럽고 후厚한 사람은 봄바람이 포근하게 길러줌과 같아서 만물萬物이 이를 만나면 살아나고, 생각이 편협偏狹하고 각박刻薄한 사람은 겨울 눈보라가 차가와 얼어붙게 함과 같아서 만물萬物이 이를 만나면 죽는다.

■ 某解

▸ 선비의 생각이 편협偏狹하고 각박刻薄하면, 도덕道德을 배워도 그것은 마른 지식知識에 머물 따름이다.

기인 奇人

기奇는 능히 속俗됨을 벗어난 것이다

能脫俗이면 便是奇니 作意尙奇者는 不爲奇而爲異하고
능탈속 변시기 작의상기자 불위기이위이

不合汚면 便是淸이니 絶俗求淸者는 不爲淸而爲激이니라.
불합오 변시청 절속구청자 불위청이위격

능히 속俗됨을 벗어나면 이는 곧 기인奇人이다. 뜻을 지어 기행奇行을 숭상崇尙하는 자는 기인奇人이 아니라 이상한 사람일 뿐이다. 더러움에 섞이지 않으면 이는 곧 청렴淸廉한 사람이다. 세속世俗을 끊고 청렴淸廉을 구하는 자는 청렴淸廉한 것이 아니라 과격過激한 사람일 뿐이니라.

某解

▸ 기인奇人은 속세俗世에서 속견俗見을 벗어난 선비이다.

장자莊子는 기인畸人을 말한다. 기인畸人이란 속견俗見을 벗어나서 방내方內와 방외方外에 유유자적悠悠自適하는 선비를 가리킨다. 기인奇人은 세속을 벗어난 선비요, 기인畸人은 무념無念에 기대어 소요逍遙하는 선비이다.

일점 一點

한 점點의 배려하는 기미機微가―

爲鼠常留飯하고 憐蛾不點燈이라 하니 古人此等念頭는
위 서 상 류 반 련 아 불 점 등 고 인 차 등 염 두

是吾人一點生生之機니 無此면 便所謂土木形骸而已니라.
시 오 인 일 점 생 생 지 기 무 차 변 소 위 토 목 형 해 이 이

쥐를 위하여 언제나 밥을 남겨 두고, 불나방을 불쌍히 여겨 등불을 켜지 않는다고 하였으니, 옛사람의 이러한 마음씨야말로 우리 인생人生이 사랑하며 나아가는 한 점點의 기미機微이로다. 이것이 없다면 이른바 흙이나 나무로 된 형체形體일 따름이리라.

某解

▸ 만물萬物을 내 몸처럼 여김에, 상사上士는 도량度量으로 포용하고, 지인至人은 만물萬物을 곧 내 몸으로 여긴다. 고덕古德이 이른다.

天地與我同根　천지는 나와 더불어 한 뿌리요,
萬物與我爲一　만물은 나와 하나이다.

혼기 渾氣

혼연渾然한 화기和氣만이 몸을 보전한다

標節義者는 必以節義受謗하고 榜道學者는
표절의자 필이절의수방 방도학자

常因道學招尤하나니 故로 君子는 不近惡事하고
상인도학초우 고 군자 불근악사

亦不立善名하나니 只渾然和氣가 纔是居身之珍이니라.
역불립선명 지혼연화기 재시거신지진

절의節義를 내세우는 사람은 반드시 절의節義 때문에 비난非難을 받고, 도학道學을 내세우는 사람은 언제나 도학道學으로 인해 허물을 부른다. 그러므로 군자君子는 나쁜 일을 가까이하지도 않고 또한 좋은 이름도 세우지도 않나니, 다만 혼연渾然한 화기和氣만이 몸을 보전保全하는 보배가 된다.

某解

▸ 선비가 고루固陋하면 고례古禮를 앞세우고, 고상高尙함을 추구하면서 도학道學을 한다고 한다. 고례古禮는 범절凡節의 굴레를 벗지 못하고, 도학道學은 앞사람의 말을 잊지 못해 답습踏襲하며 자기의 견처見處를 위해 노력함이 적다. 고루固陋와 고상高尙을 함께 잊어야 중사中士의 양망兩忘이다. 양망兩忘 연후에 공자孔子의 진지眞旨를 배울 수 있는 것이다.

하화 下火

소인의 불은 달래고 기다려야

遇欺詐的人이어든 以誠心感動之하고 遇暴戾的人이어든
우 기 사 적 인 　 이 성 심 감 동 지 　 우 폭 려 적 인

以和氣薰蒸之하며 遇傾邪私曲的人이어든
이 화 기 훈 증 지 　 우 경 사 사 곡 적 인

以名義氣節激勵之하면 天下에 無不入我陶冶中矣리라.
이 명 의 기 절 격 려 지 　 천 하 　 무 불 입 아 도 야 중 의

속이는 사람을 만나면 정성精誠스런 마음으로 그를 감동感動시켜야 하고, 난폭亂暴한 사람을 만나면 온화溫和한 기운으로 그를 감화感化시켜야 하며, 사악邪惡함에 기울어져 사욕私慾만을 탐貪하는 사람을 만나면 명분名分과 의리義理와 기개氣槪와 절조節操로 그를 격려해 주어야 한다. 그러하고도 천하天下에 나의 가르침 속으로 돌아오지 않을 자는 없을 것이다.

某解

▸ 이는 대현달사大賢達士의 경지境地이다.

내지 耐之

견딜 내耐 한 글자를 얻어 의지하여야

語에 云하되 登山耐側路하고 踏雪耐危橋라 하니
어 운 등산내측로 답설내위교

一耐字極有意味로다. 如傾險之人情과 坎坷之世道에
일내자극유의미 여경험지인정 감가지세도

若不得一耐字하여 撑持過去면
약부득일내자 탱지과거

幾何不墮入榛莽坑塹哉리오.
기하부타입진망갱참재

옛 말에 이르기를 '산을 오를 때는 비탈길을 견디고, 눈을 밟을 때는 위험한 다리를 견디라'고 하였으니 이 '견딜 내耐' 한 글자에 많은 의미가 들어 있다.

만약 기울고 험악한 인정과 험난한 세상길에서 이 '견딜 내耐' 한 글자를 얻어 의지하여 지나가지 못한다면, 어찌 가시덤불이나 구렁텅이에 떨어지지 않으랴.

某解

▸ 견딜 내耐자는 참을 인忍자와 다르지 아니하다. 합하여 인내忍耐이다. 증석曾晳과 안회顏回는 내耐자에 합하여 마침내 공자孔子의 허여許與를 얻었고, 혜가慧可와 남악南嶽은 인忍자를 통通하여 대종사大宗師가 되었다.

당당 堂堂

본래면모本來面貌를 잃지 않아야

誇逞功業하며 炫耀文章함은 皆是靠外物做人이니라.
과령공업 현요문장 개시고외물주인

不知心體瑩然하여 本來不失이면 卽無寸功隻字일지라도
부지심체형연 본래불실 즉무촌공척자

亦自有堂堂正正做人處로다.
역자유당당정정주인처

공업功業을 뽐내고 문장文章을 자랑함은 그가 외물外物에 의지하여 이루어진 사람이기 때문이다. 마음의 본체本體가 밝아서 그 본래적本來的 면모面貌를 잃지 않으면, 비록 한 치의 공적功績이 없고 한 글자도 모른다 하더라도 스스로 정정당당正正堂堂한 사람이 된다.

某解

▸ 하사下士는 공업功業을 자랑하고, 중사中士는 문장文章을 뽐내며, 상사上士는 누거陋居하여 반조返照를 즐겨한다. 방외지사方外之士는 나와 너, 세상과 세상 밖을 모두 잊어, 마치 백치白癡처럼 유유悠悠히 지낸다.

소인 小人

소인小人과 더불어 원수怨讐를 맺지 말라

休與小人仇讐하라. 小人은 自有對頭니라.
휴 여 소 인 구 수 소 인 자 유 대 두

休向君子諂媚하라. 君子는 原無私惠니라.
휴 향 군 자 첨 미 군 자 원 무 사 혜

소인小人과 더불어 원수怨讐를 맺지 말라. 소인小人은 저대로 상대相對가 있느니라. 군자君子를 향하여 아첨阿諂하지 말라. 군자君子는 원래 사사로운 은혜恩惠가 없느니라.

某解

▸ 비록 소인小人이 잘못이 크더라도 더불어 원수怨讐를 맺지 않아야 한다. 소인小人을 다스려 이끄는 중사中士는 따로 인연因緣이 있는 것이다. 상사上士와 하사下士가 서로 통교通交가 쉽지 않다. 하사下士는 불외不畏의 고집固執이 강하므로, 상사上士는 소박素朴과 정일집중精一執中에 거처하면서 그 때가 익기를 기다리는 것이 교화敎化하는 방법이다. 그 때에 그 사람이 아니면 문이 열리지 아니 하는 것이다.

경계 警戒

각박刻薄과 야박野薄을 경계해야

受人之恩엔 雖深不報나 怨則淺亦報之하며 聞人之惡엔
수인지은 수심불보 원즉천역보지 문인지악
雖隱不疑나 善則顯亦疑之하나니 此刻之極이요 薄之尤也니
수은불의 선즉현역의지 차각지극 박지우야
宜切戒之니라.
의절계지

남에게서 입은 은혜恩惠는 비록 깊어도 갚지 않으며, 원한怨恨은 얕아도 그것을 갚으며, 남의 악惡을 들으면 비록 확실하지 않아도 의심하지 않으며, 착한 일은 확실해도 그것을 의심한다. 이것이야말로 각박刻薄함의 극단極端이요, 야박野薄함의 더욱 심甚함이니 모름지기 간절懇切히 경계警戒해야 할 것이다.

▮ 某解

▸ 처세處世에 경계警戒를 두는 말이다. 가까이 하지 말아야함은 높은 경지가 아니면 암악暗惡을 감당하지 못하기 때문이다. 대저 배우는 이가 반드시 가까이 하지 말아야 할 것이 있다.

박노편樸魯篇 第48目

기심 機心

꾸미는 마음

儉은 美德也나 過則爲慳吝하고 爲鄙嗇하여 反傷雅道하고
검 미덕야 과즉위간린 위비색 반상아도

讓은 懿行也나 過則爲足恭하고 爲曲謹하여 多出機心이니라.
양 의행야 과즉위족공 위곡근 다출기심

검소儉素함은 미덕美德이지만 지나치면 인색吝嗇이 되고, 비루鄙陋해져서 도리어 바른 도리道理를 손상損傷시킨다. 겸양謙讓은 아름다운 행위行爲이지만 지나치면 아첨阿諂이 되고 비굴한 공손恭遜이 되나니 이것은 모두 꾸미는 마음에서 나온다.

某解

▸ 검소儉素와 베품을 조화造化롭게 할 수 있으면 상사上士에 가깝다. 세상에 상사上士가 드문 것은, 처세處世에 덕德과 혜慧를 원만하게 나투어, 매사에 조화造化를 이루는 경지이기 때문이다. 그러기에 중사中士는 피세避世하여 반조返照에 거처해야 하는 것이다.

인비 仁鄙

어짐과 다라움

仁人은 心地寬舒라 便福厚而慶長하여
인인 심지관서 변복후이경장

事事成個寬舒氣象하니라. 鄙夫는 念頭迫促이라
사사성개관서기상 비부 염두박촉

便祿薄而澤短하여 事事得個薄促規模일지니라.
변녹박이택단 사사득개박촉규모

어진 사람은 마음이 너그러워 복福이 두텁고, 경사慶事도 오래 가며, 일마다 너그러운 기상氣象을 이룬다. 비루鄙陋한 사람은 생각이 좁고 급하므로 곧 복福도 박薄하고, 은택恩澤도 짧아서, 일마다 하나의 좁고 급急한 모양이 된다.

某解

▸ 인仁이란 무심無心의 경지境地이다. 홍생洪生이 범부凡夫의 너그러움을 인仁이라 한 것 같다.

불외 不畏

두려워하지 아니하면 아니된다

大人은 不可不畏라. 畏大人則, 無放逸之心이니라. 小民도 亦不可不畏니 畏小民則, 無豪橫之名이니라.
대인 불가불외 외대인즉 무방일지심 소민 역불가불외 외소민즉 무호횡지명

대인大人을 두려워하지 아니하면 안 되나니, 대인大人을 두려워 한 즉 방종放縱한 마음이 없어지리라. 소인小人도 또한 두려워하지 않으면 안 되나니, 소인小人을 두려워 한 즉 횡포橫暴하다는 이름이 없어지리니라.

■ 某解

▸ 소인小人은 대인大人을 믿지 않고, 또한 성인聖人을 업수이 여긴다. 소인小人은 멀리하면 원망怨望하고, 가까이하면 함부로 한다.

선독 善讀

마음이 원융圓融하면 신명神明이 윤택潤澤하다

善讀書者는 要讀到手舞足蹈處하나니 方不落筌蹄하고
선독서자 요독도수무족도처 방불락전제

善觀物者는 要觀到心融神洽時하나니 方不泥迹象이니라.
선관물자 요관도심융신흡시 방불니적상

책을 잘 읽는 사람이라면 글을 읽어서 저절로 손발이 움직이며 춤추는 경지境地에 이르도록 해야 하나니, 그리해야만 비로소 형식形式, 통발과 올무에 떨어지지 않으리라. 사물事物을 잘 관찰觀察하는 사람은 심신心身이 만물萬物과 한 몸이 되는 경지에 이르도록 관찰觀察해야 하니, 그리해야만 비로소 모습에 얽매이지 않으리라.

某解

▸ 공부하는 이가 성인聖人의 글을 읽고, 삼년三年을 정관靜觀하면 귀와 눈이 달라져서, 귀에는 맑은 바람이 오가고, 눈에는 청산靑山과 백운白雲이 와서 쉰다.

만약 삼년을 독서하고도 성인聖人의 말씀이 허황虛荒하거나 거짓으로 여겨진다면 노자老子와 공자孔子가 다시 오신다 해도 가르치기 어렵다. 이런 자를 맹고소인盲固小人이라 한다.

구의 口意

말과 뜻은 무거워야 한다

口乃心之門이니 守口不密이면 洩盡眞機하고
구 내 심 지 문 수 구 불 밀 설 진 진 기

意乃心之足이니 防意不嚴이면 走盡邪蹊니라.
의 내 심 지 족 방 의 불 엄 주 진 사 혜

입은 곧 마음의 문이니 입을 엄밀히 지키지 못하면 참 기미機微가 새어나가고 말리라. 뜻은 곧 마음의 발이니 뜻을 엄밀히 막지 못하면 모두 삿된 길로 달려가고 말리라.

某解

▸ 선비가 한 번 뜻을 세우면 십년十年은 고치지 않고 공부해야 한다. 의심疑心이 많은 선비는 오래토록 굳건하지 못해 삼년三年을 넘기지 못하고, 스스로 의심疑心하여 불평不平 한다. 선비의 그릇이 크면 크게 담고, 그릇이 작으면 몇 방울의 물에 빈자리가 없는 것이다.

채근후집

요박편遙朴篇 26目

情念이 쉬어 해맑은 뒤에 萬事가 清凉하나니—

산림山林과 명리名利

談山林之樂者는 未必眞得山林之趣요 厭名利之談者는
담산림지락자 미필진득산림지취 염명리지담자

未必盡忘名利之情이니라.
미필진망명리지정

산림山林의 즐거움을 말하는 사람은 아직 산림山林의 무언無言을 참으로 얻은 것이 아니고, 명리名利를 말하기 싫어하는 이는 아직 명리名利에 대한 뜻을 모두 잊은 것이 아니다.

▮ 某解

▸ 무언無言의 진취眞趣는 무심無心을 자득自得한 이후에 나아갈 수 있다. 채근菜根의 무언無言은 대지大志를 이른 것이다. 참다이 무언無言에 이른 이를 무심도인無心道人이라 한다. 노자老子의 도道는 처무위處無爲 행불언行不言에 있으며, 공자孔子의 도道는 서부진언書不盡言 언부진의言不盡意에 있다. 무심도인無心道人은 진심眞心으로 소요逍遙하며, 바보 같고, 평범平凡히 하거下居하며, 그 때와 그 사람을 얻은 후에 섭세涉世에 방외方外를 보이는 것이다.

요박편遙朴篇 第2目

천진자적 天眞自適

釣水는 逸事也로되 尙持生殺之柄하고 奕棊는 淸戱也로되
조수 일사야 상지생살지병 혁기 청희야

且動戰爭之心하나니 可見喜事는 不如省事之爲適하고
차동전쟁지심 가견희사 불여생사지위적

多能은 不若無能之全眞이니라.
다능 불약무능지전진

낚시는 고요한 일이지만 오히려 생살生殺의 권세權勢를 쥐고 있고, 바둑은 맑은 놀이이지만 또한 전쟁戰爭의 마음을 일으킨다. 일을 즐거워하는 것은 일을 덜어 자적自適함만 같지 못하고, 재능才能이 많은 것보다 무능無能하여 천진天眞을 온전히 하는 것이 낫다.

■ 某解

▸ 무능無能이란 세속世俗을 잊은 경지境地이며, 사람의 천진天眞은 본래면목本來面目을 가리킨다.

풍정 風情

得趣不在多하니 盆池拳石間에 烟霞具足하고
득 취 부 재 다 분 지 권 석 간 연 하 구 족

會景不在遠하니 蓬窓竹屋下에 風月自賒니라.
회 경 부 재 원 봉 창 죽 옥 하 풍 월 자 사

진취眞趣를 얻음에 많은 사물事物에 있지 않나니, 동이만한 연못盆池이나 주먹만 한 돌[拳石] 사이에도 안개와 노을은 깃든다. 방외方外 풍경風景은 멀리 있는 것이 아니라 쑥대로 얽은 창문窓門과 대나무로 엮은 집 아래에도 맑은 바람과 밝은 달이 스스로 한가롭다.

某解

▸ 진취眞趣는 일상의 모든 사물事物과 현상現象을 떠나지 아니한다. 다만 정념情念을 잊으면 새롭게 보이는 것이다. 어떻게 정념情念을 잊는가? 흉중胸中의 세사世事를 버리고 또 버리면 문득 주인主人이 나타나는 것이다. 찾아오는 것이 아닌 것은 원래 자기自己 속에 있는 까닭이다.

종성 鐘聲

聽靜夜之鐘聲에 喚醒夢中之夢하고 觀澄潭之月影에
청정야지종성 환성몽중지몽 관징담지월영

窺見身外之身이니라.
규견신외지신

고요한 밤에 종鐘소리를 들으매, 꿈속의 꿈에서 돌이켜 근원根源을 깨우고, 맑은 연못의 달그림자를 보매 몸 밖의 몸을 엿본다.

某解

▸종소리를 듣고 홀연히 본래면목本來面目을 밝힌 이에 장무진張無盡과 백봉거사白峰居士와 지유화상知有和尙이 보인다. 이들이 종소리를 듣기 전에 이미 정념情念이 쉬고 쉬어 공경空鏡과 같았기에 문성聞聲에 염기즉각念起卽覺하였던 것이라 하겠다. 홀각忽覺 연후에 맑은 연못의 달그림자를 보며 몸 밖의 몸[身外之身]을 엿보는 것이다. 진감화상의 게송을 본다.

願此鍾聲遍法界	원컨대 이 鐘소리 十方法界 들리게 하고,
鐵圍幽暗悉皆明	鐵圍山의 어두운 無間獄 밝아지게 하여,
三途難苦破刀山	三途의 苦를 떠나고 刀山은 없어져서,
一切衆生成正覺	一切衆生이 正覺을 이루도록 하옵소서!

요박편遙朴篇 第5目

천기 天機

鳥語蟲聲도 總是全心之訣이요 花英草色도
조 어 충 성 총 시 전 심 지 결 화 영 초 색

無非見道之文이니 學者는 要天機淸澈하고 胸次玲瓏하여
무 비 견 도 지 문 학 자 요 천 기 청 철 흉 차 령 롱

觸物에 皆有會心處니라.
촉 물 개 유 회 심 처

새의 지저귐과 벌레 소리는 모두가 마음을 전傳하는 비결祕訣이요, 꽃봉오리와 풀빛 또한 대도大道를 드러내는 문장文章 아님이 없도다. 배우는 자가 천기天機를 맑게 하여 가슴속을 영롱玲瓏하게 하면 만물萬物을 보고 들음에 모두 깨닫는 바가 있을 것이다.

某解

▸ 만약 정념情念이 쉬면, 눈앞에 새가 지저귐과 벌레 소리가 모두가 현성賢聖이 마음을 전傳하는 비결祕訣임을 알게 될 것이다. 또한 바람에 나부끼는 꽃술과 풀빛이 대도문장大道文章 을 토출吐出하는 것임을 보게 되는 것이다. 대도大道의 고로古路가 그대 속에 있나니—.

無念此路耶　　무념無念으로 일상을 지내나니
目前常露兮　　목전目前에 진심眞心이 떠나지 아니누나.

신명 神明

人解讀有字書로되 不解讀無字書하며 知彈有絃琴이로되
인해독유자서 불해독무자서 지탄유현금

不知彈無絃琴하나니 以跡用하고 不以神用이면
부지탄무현금 이적용 불이신용

何以得琴書之趣라 하리오.
하이득금서지취

사람들은 글자 있는 책冊은 읽을 줄 알지만 글자 없는 책冊은 읽을 줄 모르며, 줄이 있는 거문고는 탈 줄 알지만 줄이 없는 거문고는 탈 줄 모르나니, 모습 있는 것은 쓸 줄 알아도 모습 없는 신명神明은 쓰지 못하니 어찌 거문고와 책冊의 참맛을 깨달을 수 있겠는가?

某解

▸ 고덕古德의 개오처開悟處를 본다.

髮白非心白	머리 세어도 마음은 늙지 않는다고
古人曾漏泄	옛사람이 일찍이 누설漏泄하였네.
今聽一鷄聲	지금 낮닭 우는 한 소리 듣고서
丈夫能事畢	장부丈夫가 할 일 이루었네라.
忽得自家底	홀연히 내 집에 돌아왔나니
頭頭只此爾(是)	온갖 거님에 다만 이 마음.
萬千金寶藏	천만보배 장경藏經의 가르침이라
元是一空紙	원래 하나의 빈 종이일세라.

득취 得趣

會得個中趣면 五湖之煙月도 盡入寸裡하고 破得眼前機면 千古之英雄도 盡歸掌握이니라.
회득개중취 오호지연월 진입촌리 파득안전기 천고지영웅 진귀장악

문득 풍정風情의 근원根源을 깨치면 오호五湖의 연월煙月이 손등에서 놀고, 눈앞의 기미機微를 간파看破하면 천고千古의 영웅英雄이 손바닥에 들어온다.

某解

▸ 화엄華嚴 각림장覺林章의 문수게文殊偈를 본다.

了知一切法　일체법一切法을 알아 마치면
自性無所有　자성自性에 망념妄念이 없나니,
如是解法性　이와 같이 법성法性을 요해了解하면
卽見盧舍那　즉시 노사나盧舍那를 보느니라.

▸ 무소유無所有란 망심妄心이 없음이다.

▸ 노사나盧舍那는 자성自性의 뜻이다. 고로 卽見盧舍那는 卽見自性의 의미이다.

요심 了心

山河大地도 已屬微塵이어늘 而況塵中之塵이리오.
산하대지 이속미진 이황진중지진

血肉身軀도 且歸泡影이어늘 而況影外之影이리오.
혈육신구 차귀포영 이황영외지영

非上上智면 無了了心이리라.
비상상지 무료료심

산하대지山河大地도 이미 작은 티끌에 속屬하거늘 하물며 티끌 속의 티끌이랴! 피와 살과 몸뚱이도 또한 물거품과 그림자로 돌아가거늘 하물며 그림자 밖의 그림자이랴! 그러나 상상上上의 지혜智慧가 아니면 일 없는 진심眞心에 이르지 못하니라.

某解

▸ 상상지上上智란 대적광명지大寂光明智이다. 대적광명지大寂光明智는 자성自性의 청정광명淸淨光明이 무잡無雜하게 조이상적照而常寂하는 경지이다. 화엄팔지華嚴八地에 이르러야 부동不動의 대적광명지大寂光明智를 나투게 되는 것이다.

▸ 위에서 상상지上上智라 함은 진심眞心을 개오開悟하는 바를 가리키니 곧 화엄초지華嚴初地이다.

탁견 卓見

人肯當下休면 便當下了리라. 若要尋個歇處면
인 긍 당 하 휴 　 변 당 하 료 　 약 요 심 개 헐 처

則婚嫁雖完이나 事亦不少하나니 僧道雖好나 心亦不了니라.
즉 혼 가 수 완 　 사 역 불 소 　 승 도 수 호 　 심 역 불 료

前人이 云하되 如今休去면 便休去나 若覓了時하면
전 인 　 운 　 여 금 휴 거 　 변 휴 거 　 약 멱 료 시

無了時니라 하니 見之卓矣로다.
무 료 시 　 견 지 탁 의

사람이 공부하여 당장에 번뇌煩惱를 쉬면, 즉시에 깨달아 마치리라. 만약 따로 쉴 곳歇處을 찾는다면 아들딸을 혼인 시킨 후에도 일은 많으니라. 중僧과 도사道師가 비록 공부하기 좋다고 하나 정념情念의 마음으로는 역시 깨닫지 못할지라. 옛사람이 이르기를 "당장에 쉬어버리면 온전히 쉬거니와 만약 속사俗事가 끝날 때를 찾는다면 끝날 때는 없으리라"고 하였으니 참으로 탁견卓見이다.

某解

▸ "당장에 쉬어버리면 온전히 쉬거니와, 만약 속사俗事가 끝날 때를 찾는다면 끝날 때는 없으리라"는 동산양개洞山良价대사의 말이다. 총명세재聰明世才의 말에 속사俗事를 마치면 목숨 걸고 공부만 하리라고 하는 이가 더러 보인다. 그러나 늙으면 고집과 학식學識으로 판단하고, 몸은 기울어 정관靜觀이 힘들다. 원효가 노인불수老人不修라 하였다. 그런 까닭에 독경讀經과 참회懺悔로써 여생을 보내다가 마친다. 어찌 서글프지 아니한가?

요박편遙朴篇 第10目

손지우손 損之又損

損之又損하여 栽花種竹하니 儘交還烏有先生이요
손 지 우 손 재 화 종 죽 진 교 환 오 유 선 생

忘無可忘하며 焚香煮茗하니 總不問白衣童子니라.
망 무 가 망 분 향 자 명 총 불 문 백 의 동 자

정념情念을 덜고 또 덜며, 꽃을 가꾸고 대나무를 심으니, 그야말로 오유선생烏有先生이 되어 가나니, 무無를 잊고 또 잊어 향香을 피우고 차茶를 달인다. 백의동자白衣童子를 물을 것 없으매라.

某解

▸ 손지우손損之又損은 도덕경道德經의 말이다. 만약 정념情念이 환幻인 줄 알았다면 정념情念을 버리고 또 버리는 공부에 들 것이다. 버리고 또 버리면 마침내 무위無爲에 이르리라. 손지우손損之又損은 지환知幻 이후의 공부이다.

▸ 백의동자白衣童子는 문수동자文殊童子의 다른 이름인 듯. 한漢의 사마상여司馬相如가 자허부子虛賦를 지음에 자허子虛와 대화를 나누는 오유선생烏有先生을 두었다. 세상을 잊은 오유선생은 가상의 인물이다.

요박편遙朴篇 第11目

자득지사 自得之士

嗜寂者는 觀白雲幽石而通玄하고 趨榮者는
기적자 관백운유석이통현 추영자

見淸歌妙舞而忘倦하나니 唯自得之士라야 無喧寂하고
견청가묘무이망권 유자득지사 무훤적

無榮枯하여 無往非自適之天이니라.
무영고 무왕비자적지천

고요함을 즐기는 사람은 흰 구름이나 그윽한 바위를 보고도 현묘玄妙한 진리眞理를 깨닫고, 영화榮華를 좇는 사람은 맑은 노래와 아름다운 춤을 보며 싫증을 모른다.

오직 깨달은 선비만이 시끄러움도 고요함도 없고 영화로움도 쇠퇴함도 없으니, 가는 곳마다 즐거운 세상 아닌 곳이 없나니라.

某解

▸ 오직 깨달은 선비[唯自得之士]라야 무념무상無念無想에 거처居處할 수 있으며, 비로소 무위無爲에 입문入門할 수 있는 것이다.

무심 無心

禪宗에 曰, 饑來喫飯倦來眠이라 하고 詩旨에 曰,
선종 왈 기래끽반권래면 시지 왈

眼前景致口頭語라 하니 蓋極高는 寓於極平하고 至難은
안전경치구두어 개극고 우어극평 지난

出於至易하여 有意者는 反遠하고 無心者는 自近也니라.
출어지이 유의자 반원 무심자 자근야

선종禪宗에서는 말하기를 '배고프면 밥을 먹고 곤하면 잠을 잔다'고 하고, 시지詩旨에 말하기를 '눈앞의 경치를 보통의 말로 표현 한다.'고 한다. 대개 지극히 높은 것은 지극히 평범한 것에 있고, 지극히 어려운 것은 지극히 쉬운 데서 나오는 것이니, 뜻이 있으면 도리어 멀어지고, 마음妄想心이 없으면 절로 가까워진다.

某解

▸ 有意者는 反遠하고, 無心者는 自近也니라 "즉 뜻이 있으면 도리어 멀어지고, 마음妄想心이 없으면 절로 가까워진다."는 높은 견처見處의 말이다. 홍생洪生이 고덕古德의 말을 빌린 것으로 보인다.

섭세 涉世

出世之道는 卽在涉世中이니 不必絶人以逃世하고
출세지도 즉재섭세중 불필절인이도세

了心之功은 卽在盡心內니 不必絶欲以灰心이니라.
료심지공 즉재진심내 불필절욕이회심

속세를 벗어나는 길은 곧 세상을 살아가는 가운데 있나니, 반드시 사람과 절교絶交하고 세상을 피避해야 할 필요는 없다. 마음[眞心]을 깨닫는 공부는 2곧 마음妄心을 없애는 속에 있나니 반드시 물욕物欲을 끊어서 마음을 싸늘한 재처럼 할 필요는 없다.

某解

▸ 옛사람은 물욕物欲을 끊고 세상을 잊었으며, 마음이 싸늘한 재처럼 된 연후에 정념情念이 몽환夢幻임을 보았다. 그리하여 진심眞心이 묘유妙有를 나툼에 함이 없었으며, 초목草木과 연하煙霞를 맞이함에 온화한 향기가 산하山河를 덮었다.

홍생洪生이 진심盡心과 싸늘한 재를 거론함에 그림자가 없지 않다. 진심盡心은 '마음妄心을 없애다'의 뜻이다. 이는 맹자 초로初老의 견해요, 만년晩年의 지언至言이 아니다. 이르건대 망심妄心의 체성體性은 위환僞幻이라 없애려는 마음 또한 허물이 된다. 다만 잊어 지운다고 해야 가깝다. 맹자 만년의 설說은 오직 양지양능良知良能과 무위이성無爲而成이 대요大要이다.

불식 不識

一字不識이라도 而有詩意者는 得詩家眞趣하고
일 자 불 식 　 이 유 시 의 자 　 득 시 가 진 취

一偈不參이라도 而有禪味者는 悟禪教玄機니라.
일 게 불 참 　 이 유 선 미 자 　 오 선 교 현 기

글자 한자 모를지라도 시의詩意를 지닌 이는 시인詩人의 참된 맛을 얻을 것이요, 게송偈頌 한 구절 외우지 못하더라도 선미자禪味者는 선리禪理의 현기玄機를 깨닫는다.

某解

▸ 일자무식一字無識이라도 시지詩旨를 간파看破하여 철리哲理를 드러내면 곧 고상高尙한 설리시인說理詩人이요, 시제詩題와 시구詩句가 멋갈스러워도 시지詩旨가 몽유夢遊하고 시의詩意가 유천留淺이면 낙정졸시落情拙詩일 따름이다.

▸ 일자불식一字不識이라도 자성自性을 철견徹見하면 대현大賢이요, 불경佛經과 선게禪偈의 한 구절句節을 알지 못해도 마음에 정념情念이 없으면 선사禪師의 자품을 갖춘 것이다. 인생의 근본공부가 여기에 있는 줄 알면, 만년晩年에 공부를 시작하더라도 때가 늦은 것이 아니다.

양아 兩我

世人니 只緣認得我字太眞이라 故로 多種種嗜好하고
세인 지연인득아자태진 고 다종종기호

種種煩惱니라. 前人이 云하되 不復知有我어늘
종종번뇌 전인 운 불부지유아

何知物爲貴리오 하고 又云하되 知身不是我면
하지물위귀 우운 지신불시아

煩惱更何侵이리오 하니 眞破的之言也로다.
번뇌갱하침 진파적지언야

세상 사람들은 오직 나[我]라는 글자를 고지식하게 참된 것으로 아는 까닭에 온갖 기호嗜好와 번뇌煩惱가 허다許多히 일어난다. 백낙천白樂天이 말하기를 '내가 있음도 또한 알지 못하는데 어찌 물건 귀한 것을 알겠는가?'라고 하였고, 또 말하기를 '이 몸이 내가 아님을 안다면 번뇌가 어찌 다시 침입하겠는가?'라고 하였으니, 참으로 진리眞理를 간파看破한 말이다.

某解

▸ 대개의 속사俗士들은 아我가 둘이 있는 줄 알지 못한다. 아我에는 진아眞我와 가아假我가 있다. 모든 범부가 진아眞我와 가아假我를 함께 두어 인생人生을 꾸리고 있는 것이다. 오직 진아眞我를 철견徹見한 이 만이 진실로 진아眞我가 홀로 존재하는 것이다.

이 도리를 알고도 가아假我의 노예로 살아가려 하는 이는 누구인가? 위 글의 전인前人은 백낙천이다. 홍생洪生이 백낙천을 존숭尊崇한 듯하다.

부동자한 不動自閑

古德이 云하되 竹影掃階塵不動이요 月輪穿沼水無痕이라
고덕 운 죽영소계진부동 월륜천소수무흔

하고 吾儒가 云하되 水流任急境常靜이요
오유 운 수류임급경상정

花落雖頻意自閑이라 하니 人常持此意하여 以應事接物이면
화락수빈의자한 인상지차의 이응사접물

身心何等自在리오.
신심하등자재

고덕白樂天이 이르기를 '대나무 그림자가 섬돌을 쓸건만 티끌이 일지 않고, 달빛이 연못을 뚫건만 물에는 흔적이 없다'고 했고, 옛 선비가 이르기를 '흐르는 물이 급하여도 그 경계는 늘 고요하고, 꽃이 비록 자주 떨어져도 그 뜻은 스스로 한가롭다'고 하였으니, 사람이 언제나 이러한 뜻을 가지고서 사물을 대한다면 몸과 마음이 어찌 자유롭지 않으랴.

某解

竹影掃階塵不動 / 月輪穿沼水無痕 /
水流任急境常靜 / 花落雖頻意自閑 /

▸ 이 偈는 백낙천白樂天이 초음初吟하고 도솔종열兜率從列이 개음改吟한 것이다. 백생白生과 도옹兜翁이 진심眞心을 읊었거니, 홍생洪生의 숨소리가 거칠도다. 누가 있어 부동不動과 자한自閑을 노래할 것가? 방외方外의 선비라, 고금古今에 몇이런가?

요박편遙朴篇 第17目

최상문장 最上文章

林間松韻과 石上泉聲을 靜裡聽來면 識天地自然鳴佩하고
림간송운 석상천성 정리청래 식천지자연명패

草際烟光과 水心雲影을 閒中觀去면
초제연광 수심운영 한중관거

見乾坤最上文章이니라.
견건곤최상문장

숲 사이 솔바람 소리, 바윗돌 위 샘물 소리를 고요함 속에서 듣노라면 천지天地의 자연음악自然音樂임을 알 수 있고, 초원草原의 안개빛, 물속의 구름 그림자를 한가한 가운데 보노라면 천지天地 가운데 최상最上의 문장文章임을 알 수 있다.

某解

▸ 고덕古德이 인법천人法天하고 천법도天法道하며 도법자연道法自然이라 하였다. 자연自然의 대기대용大機大用이라, 무시무종無始無終이요, 무선무악無善無惡이며 부증불감不增不減이요, 불가불손不加不損이다.

차리此理의 토출吐出이라, 고덕현현古德顯現이요, 무정자화無情自化요, 무구문장無垢文章이요, 무간지음無間之音이며, 천연화폭天然畫幅이다. 누가 그렇게 하는지 묻지 말라! 그대가 정념情念이 쉬면 나타나니라! 咄!

무념 無念

今人은 專求無念이로되 而終不可無하나니 只是前念不滯하고
금인 전구무념 이종불가무 지시전념불체

後念不迎하여 但將現在的隨緣하여 打發得去하면
후념불영 단장현재적수연 타발득거

自然漸漸入無니라.
자연점점입무

지금 사람들은 오로지 무념無念을 구하기에 힘쓰나 끝내 무념無念을 이루지 못한다. 다만 앞생각에 머물지 말고 뒷생각을 맞지 아니하며, 오로지 현재懸在의 인연因緣을 따라서 성성惺惺을 지켜간다면, 자연히 차츰차츰 무념無念의 경지境地로 들어가게 된다.

某解

▸ 홍생이 현재의 인연因緣을 따라서 성성惺惺을 지켜나가는 것이라 함에 또한 병통病痛이 없지 아니하다. 실지實地는 과거 현재 미래와 상하법계上下法界가 민멸泯滅한 연후에야 무념無念의 진심眞心이 두렷이 현전現前하는 것이다.

만약 무념無念의 진심眞心이 현전現前하면 이 세계世界와 저 세계世界도 있지 아니하며, 보리菩提와 열반涅槃도 거처할 곳이 없다. 오직 무루無漏의 청정광명淸淨光明이 무시상재無始常在할 따름이다.

성천 性天

性天澄徹하면 卽饑喰渴飮도 無非康濟身心이요
성천징철 즉기식갈음 무비강제신심

心地沈迷하면 縱談禪演偈라도 總是播弄精魂이니라.
심지침미 종담선연게 총시파롱정혼

성천性天에 맑아 통하면, 곧 배고플 때 밥 먹고, 목마를 때 물 마시면서도 심신心身을 편하지 않음이 없다. 그러나 심지心地가 침미沈迷하면, 선禪을 말하고 게송偈頌을 강론講論함에 늘어져서 모두 정신精神을 희롱戱弄할 뿐이다.

某解

▸ 심지心地가 침미沈迷하면 일체법一切法에 의해 굴리어지게 된다. 주인이 주인 노릇을 못하고 종살이를 하는 격이라, 서글픈 인생노정人生路程이다.

* 강제康濟 : 편안便安히 건너다.
* 징철澄徹 : 맑게 통通하다.
* 침미沈迷 : 미혹迷惑에 빠지다.

소요 逍遙

人心(인심)에 有個眞景(유개진경)하여 非絲非竹(비사비죽)이라도 而自恬愉(이자념유)하고 不烟不茗(불연불명)이라도 而自淸芬(이자청분)하나니 須念淨境空(수념정경공)하고 慮忘形釋(려망형석)이라야 纔得以游衍其中(재득이유연기중)이니라.

사람의 마음에 하나의 진경眞景이 있으니, 거문고와 피리가 아니라도 스스로 편안하고 즐거우며, 향香과 차茶가 아니라도 스스로 맑고 향기롭구나. 모름지기 생각이 맑고 경계境界가 비어서 잡념雜念을 쉬고 모습을 잊어야 곧 그 가운데서 소요逍遙할 수 있다.

某解

▸ 대개 도道를 설평說評하는 자가 진심眞心과 망심妄心 혹은 도심道心과 인심人心을 구별하지 못하고 뭉뚱거려 말한다. 범성凡聖의 차별원인과 범부의 병처病處를 밝히 알지 못하는 까닭이다.

▸ 홍생洪生의 글이 진심眞心과 망심妄心의 명별明別하지 못한다. 이러한 연유가 정처靜處의 홍취興趣를 오과悟果로 착식錯識한 까닭이라 하겠다. '아니라도'에 차별差別의 병취病趣가 보인다. 무애無碍란 평등平等의 대용大用이다. 평등平等에는 자특自特의 오만傲慢이 없다.

백조설 白晁說

白氏云하되 不如放身心하여 冥然任天造라 하고 晁氏云하되
백씨운 불여방신심 명연임천조 조씨운
不如收身心하여 凝然歸寂定이라하니 放者는 流爲猖狂하고
불여수신심 응연귀적정 방자 류위창광
收者는 入於枯寂하나니 唯善操身心的은 把柄在手하여
수자 입어고적 유선조신심적 파병재수
收放自如니라.
수방자여

백낙천白樂天이 말하기를 '몸과 마음을 다 놓아 버려서 되어가는 대로 맡기는 것이 상로上路이다'고 하였고, 조보지晁補之가 이르기를 '몸과 마음을 수습收拾하는 것은 응연凝然하여 적정寂定으로 돌아감만 같지 못하다'고 하였다. 놓아 버리면 흘러서 미치광이처럼 되고, 거두어 두면 메마른 적막寂寞함에 들어갈 뿐이다. 오직 몸과 마음을 잘 지키는 이는 그 자루가 손에 있어 거두고 놓음을 마음대로 한다.

某解

▸ 백낙천白樂天을 광대교화주廣大敎化主라 한다. 조과도림鳥窠道琳에게서 개오開悟하여, 중은中隱으로 미진微塵을 닦은 고사高士이다. 조보지晁補之는 황룡조심에게서 개오開悟하였다. 소문사학사蘇門四學士의 한사람이며 소동파가 허여許與한 고사高士이다. 홍생洪生의 견처見處는 백생과 조생에 미치지 못한다. 백생과 조생은 초연超然하고, 홍생은 측해測解한다.

공적 空寂

理寂則事寂하나니 遺事執理者는 似去影留形하고
리적즉사적 유사집리자 사거영류형

心空則境空하나니 去境存心者는 如聚羶却蚋니라.
심공즉경공 거경존심자 여취전각예

도체道體가 공적空寂하면 그 작용作用도 공적空寂하다. 작용作用을 버리고 도체道體만 잡는 것은 그림자를 없애고 형체形體만 머무르려 함과 같고, 마음이 비면 경계境界도 비었나니, 경계境界를 없애고 마음만 보존保存하려는 것은 비린 것을 모아 놓고 쉬파리를 쫓으려는 것과 같으니라.

某解

▸금金의 정언政言이 지은 진심직설眞心直說 가운데 열 가지 공부방법이 있다. 그 방법 중에 경계境界를 멸滅하고 마음을 관觀하는 법法과 마음을 멸滅하고 경계境界를 관하는 법法을 두었는데, 그것을 나무라는 말이다. 정언政言과 홍생洪生이 서로 멀지 않은 시대라, 그 어두운 곳을 질책하는 것이다. 홍생洪生의 견처見處가 측사測思이나 그 이理가 분명分明하다. 제물齊物과 구산병丘山病에 홍생洪生이 구건총명垢愆聰明이 드러난다. 홍생洪生이 정언政言을 나무랜 견처를 알 수 있다.

제물 齊物

心無其心이니 何有於觀이리오. 釋氏曰, 觀心者는
심무기심 하유어관 석씨왈 관심자

重增其障이니라. 物本一物이니 何待於齊리오. 莊生曰,
중증기장 물본일물 하대어제 장생왈

齊物者는 自剖其同이니라.
제물자 자부기동

마음에 망심妄心이 없으니, 무슨 관심觀心이 필요하랴! 석가釋迦가 말한 관심觀心이란 그 장애障礙를 더할 뿐이다. 사물事物은 본래 한 물건이니 가지런함을 기다릴 필요가 어디 있으랴! 장자莊子가 말한 제물齊物은 스스로 그 같음을 갈라놓는 짓이다.

某解

▸ 관심觀心과 제물齊物의 도리를 통해通解하였다면 무심無心을 설명하고, 무심無心의 묘용妙用을 드러낼 줄 알아야 한다. 홍생洪生이 약간의 견해가 생겨, 크게 말하며 즐거워 한 것이다. 홍생洪生의 말에 이치가 없지 않으나, 관심觀心과 제물齊物의 도리를 통해通解한 것이라 할 수 없다. 이는 홍생洪生에게 높은 벗이 없는 까닭이라 하겠다.

요박편遙朴篇 第24目

원기 圓氣

把握未定이어든 宜絶迹塵囂하여 使此心으로
파 악 미 정 의 절 적 진 효 사 차 심

不見可欲而不亂하여 以澄吾靜體하고 操持旣堅이어든
불 견 가 욕 이 불 란 이 징 오 정 체 조 지 기 견

又當混跡風塵하여 使此心으로 見可欲而亦不亂하여
우 당 혼 적 풍 진 사 차 심 견 가 욕 이 역 불 란

以養吾圓氣니라.
이 양 오 원 기

참 마음을 아직 밝히지 않았다면 마땅히 진세塵世에서 발길을 끊으라. 이 마음으로 하여금 욕심내는 것을 보지 못하게 하고 어지럽지 않게 하라. 그리하여 나의 정체靜體를 해맑게 하라. 진심眞心을 이미 굳게 잡았거든, 다시 속세俗世에 발길을 섞어, 마음에 욕심이 일어도 어지럽지 않게 하라. 그렇게 하여 나의 원기圓氣를 밝혀라.

某解

▸ 참 마음[眞心]을 밝히고자하면, 먼저 진세塵世를 잊어야 한다. 흉중에 세사世事를 담고 망정妄情을 쉬기 어렵기 때문이다. 힘을 얻고자하면 진세塵世를 놓고 정정靜淨에 나아가야한다. 정정靜淨이면 삼매三昧가 나타나고, 삼매三昧가 깊어지면 홀연히 진심眞心이 나타나는 것이다. 그러나 이러하기가 쉽지 않은 것은 범부들의 인생에 쾌취快趣와 숙습세욕宿習世欲의 뿌리가 깊기 때문이다. 홍생이 "나의 원기圓氣를 밝혀라."고 함이 아름답다.

요박편遙朴篇 第25目

구산병 丘山病

機息時에 便有月到風來하나니 不必苦海人世로다. 心遠處에 自無車塵馬迹이어늘 何須痼疾丘山이리오.
기식시 변유월도풍래 불필고해인세 심원처 자무차진마적 하수고질구산

망심妄心이 쉬면, 문득 소소昭昭히 달뜨고 적연寂然히 바람 불어오나니, 세상世上이 반드시 고해苦海가 아니다. 마음이 세상에서 멀면, 절로 수레의 티끌과 말소리가 없나니 어찌 깊은 산을 그리는 병病이 있으랴.

某解

▸ "망심妄心이 쉬면, 문득 소소昭昭히 달뜨고 적연寂然히 바람 불어오니, 세상世上이 반드시 고해苦海가 아니다."를 개음改吟한다.

망심妄心이 쉬면 진심眞心이 나타나거니,
달뜨고 바람 불어옴이라, 누가 있어 고칠 것인가?
예부터 이 소식消息은 변하지 않았거니
다만 고苦가 멸하면 방외方外에 거니니라.

소연 蕭然

人心은 多從動處에 失眞하나니 若一念不生하고
인 심 다 종 동 처 실 진 약 일 념 불 생

澄然靜坐하면 雲興而悠然共逝하고 雨滴而冷然俱淸하며
징 연 정 좌 운 흥 이 유 연 공 서 우 적 이 냉 연 구 청

鳥啼而欣然有會하고 花落而瀟然自得하리니 何地가
조 제 이 흔 연 유 회 화 락 이 소 연 자 득 하 지

非眞境이며 何物에 非眞機리오.
비 진 경 하 물 비 진 기

사람의 마음은 경계에 따라감으로써 참됨을 잃어버린다. 만약 한 생각도 일어나지 않고 맑게 정좌靜坐하면, 구름이 일어나면 유장하게 함께 하고, 빗방울이 떨어지면 서늘하게 함께 맑으며, 새가 지저귀면 흔연히 맞이하고, 꽃이 지면 소연蕭然히 깨달을 것이니 어디인들 진경眞境이 아니며, 무엇엔들 진기眞機가 없겠는가!

某解

▸ "人心은 多從動處에 失眞한다" 즉 사람의 마음은 여러 경계境界에 따라감으로써 참됨을 잃어버린다. ─는 견해見解는 도리道理가 비슷해 보이나 허물이 있다. 홍자성이 측지測知로써 작문作文한 것이다. 대개 지해知解의 병病이 이러하다. 다음 말에 "정좌靜坐하면, ─꽃이 지면 소연蕭然히 깨달을 것이니, 어디인들 진경眞境이 아니며, 무엇엔들 진기眞機가 없겠는가!"─라 함은 측지測知의 말이다. 홍생의 병처病處를 자세히 해설하지 않는 것은 뒷사람의 자발自發과 실경實境을 위함이다.

채근찰요

채근증의菜根證義 39目

素朴과 魯鈍이 道의 씨앗이 되나니—

채근증의서菜根證義序

채근촬요菜根撮要 130目를 보니
그 절목節目은 39목에 불과한 듯,
증의證義가 뒷사람의 노고勞苦를
덜어줄 것이라 생각해 본다.
지지指旨, 향처向處, 지도至道,
병처病處를 추초抽抄하였다.
증의證義의 판석判釋은
뒷사람의 몫이다.
간어簡語 몇 마디로
증의證義의 서序를 삼는다.

三碧峙病老.

채근증의菜根證義 第1目

무심 無心

禪宗에 曰, 饑來喫飯倦來眠이라 하고 詩旨에 曰,
선종 왈 기래끽반권래면 시지 왈

眼前景致口頭語라 하니 蓋極高는 寓於極平하고 至難은
안전경치구두어 개극고 우어극평 지난

出於至易하여 有意者는 反遠하고 無心者는 自近也니라.
출어지이 유의자 반원 무심자 자근야

선종禪宗에서는 말하기를 '배고프면 밥을 먹고 곤하면 잠을 잔다.' 고 하고, 시지詩旨에 말하기를 '눈앞의 경치를 보통의 말로 표현 한다'고 한다. 대개 지극히 높은 것은 지극히 평범한 가운데 있고, 지극히 어려운 것은 지극히 쉬운 데서 나오는 것이니, 뜻이 있으면 도리어 멀어지고, 마음이 없으면 절로 가까워진다.

某解

▸ 뜻意란 정념情念이요, 마음은 망심妄心을 가리킨다. 범부凡夫와 성인聖人의 갈래는 오직 정념情念에 있다. 고로 "有意者는 反遠하고, 無心者는 自近也니라"라 한 것이다.

섭세 涉世

出世之道는 卽在涉世中이니 不必絶人以逃世하고
출세지도 즉재섭세중 불필절인이도세

了心之功은 卽在盡心內니 不必絶欲以灰心이니라.
료심지공 즉재진심내 불필절욕이회심

속세를 벗어나는 길은 곧 세상을 살아가는 가운데 있다. 반드시 사람과 절교하고 세상을 도피해야 할 필요는 없고, 마음[眞心]을 깨닫는 공부는 곧 마음妄心을 없애는 속에 있나니, 반드시 물욕物欲을 끊어서 마음을 싸늘한 재처럼 할 필요는 없다.

某解

▸ 고덕古德은 물욕物欲을 끊고 세상을 잊었으며, 마음이 싸늘한 재처럼 된 연후에 정념情念이 위환僞幻임을 보았다. 정념情念이 위환僞幻임을 안 연후에 진심眞心이 묘유妙有를 나툼에 나아가는 것이다. 그리하여 산천초목山川草木과 조무연하早霧煙霞를 맞음에 천연天然의 무위無爲를 맛보는 것이다. 공부를 지음에 식정息情이 으뜸의 방로가 된다. 식정息情하여 정情이 싸늘한 재처럼 된 연후에 청정광명으로 천지만물을 내 몸처럼 사랑하게 되는 것이다. 홍생洪生이 진심盡心을 말하고 싸늘한 재를 거론함에 그림자가 없지 않다. 이는 미세망념微細妄念에 대해 밝히 알지 못하는 설명이다.

불식 不識

一字不識이라도 而有詩意者는 得詩家眞趣하고
일자불식 이유시의자 득시가진취

一偈不參이라도 而有禪味者는 悟禪敎玄機니라.
일게불참 이유선미자 오선교현기

한 글자도 모를지라도 시의詩意를 지닌 이는 시인詩人의 참된 맛을 얻을 것이요, 게송偈頌 한 구절 외우지 못하더라도 선禪의 묘미를 지닌 사람은 선교禪敎의 현기玄機를 깨닫는다.

某解

▸ 일자무식一字無識해도 시지詩旨를 간파看破하고 철리哲理를 드러내면 곧 고상高尙한 시인詩人이요, 시제詩題와 시구詩句가 멋갈스러워도 시지詩旨가 유천留淺하고 시의詩意가 몽유夢遊하면 졸시拙詩일 따름이다.

▸ 일자불식一字不識이라도 자성自性을 철견徹見하면 대현大賢이요, 불경佛經과 선게禪偈의 한 구절句節을 알지 못해도 마음에 정념情念이 없으면 선사禪師의 자품을 갖춘 것이다. 인생의 근본공부가 여기에 있는 줄 알게 되면, 만년晩年에 공부를 시작하더라도 때가 늦은 것이 아니다.

양아 兩我

世人니 只緣認得我字太眞이라 故로 多種種嗜好하고
세 인 지 연 인 득 아 자 태 진 고 다 종 종 기 호

種種煩惱니라. 前人이 云하되 不復知有我어늘
종 종 번 뇌 전 인 운 불 부 지 유 아

何知物爲貴리오 하고 又云하되 知身不是我면
하 지 물 위 귀 우 운 지 신 불 시 아

煩惱更何侵이리오 하니 眞破的之言也로다.
번 뇌 갱 하 침 진 파 적 지 언 야

세상 사람들은 오직 나[我]라는 글자를 고지식하게 참된 것으로 아는 까닭에 온갖 기호嗜好와 번뇌煩惱가 허다許多히 일어난다. 백낙천白樂天이 말하기를 '내가 있음도 또한 알지 못하는데 어찌 물건 귀한 것을 알겠는가?'라고 하였고, 또 말하기를 '이 몸이 내가 아님을 안다면 번뇌가 어찌 다시 침입하겠는가?'라고 하였으니, 참으로 진리眞理를 간파看破한 말이다.

某解

▸이 글에서 전인前人은 백낙천白樂天이다. 홍생洪生이 백낙천을 존숭尊崇한 듯하다. 대개의 속사俗士들은 아我가 둘이 있는 줄 알지 못한다. 아我에는 진아眞我와 가아假我가 있다. 모든 범부가 진아眞我와 가아假我를 함께 두어 인생人生을 꾸리고 있는 것이다. 오직 가아假我를 쉬어 지우고 진아眞我를 철견徹見한 이에게 진아眞我가 홀로 존재하는 것이다. 이 도리를 듣고도 가아假我의 노예로 살아가려 하는 이는 누구인가?

채근증의菜根證義 第5目

부동자한 不動自閑

古德이 云하되 竹影掃階塵不動이요 月輪穿沼水無痕이라
고덕 운 죽영소계진부동 월륜천소수무흔

하고 吾儒가 云하되 水流任急境常靜이요
오유 운 수류임급경상정

花落雖頻意自閑이라 하니 人常持此意하여 以應事接物이면
화락수빈의자한 인상지차의 이응사접물

身心何等自在리오.
신심하등자재

고덕白樂天이 이르기를 '대나무 그림자가 섬돌을 쓸건만 티끌이 일지 않고, 달빛이 연못을 뚫건만 물에는 흔적이 없다'고 했고, 옛 선비가 이르기를 '흐르는 물이 급하여도 그 경계는 늘 고요하고, 꽃이 비록 자주 떨어져도 그 뜻은 스스로 한가롭다'고 하였으니, 사람이 언제나 이러한 뜻을 가지고서 사물을 대한다면 몸과 마음이 어찌 자유롭지 않으랴.

某解

竹影掃階塵不動　竹影이 섬돌을 쓰나니 티끌이 不動일세
月輪穿沼水無痕　月輪이 못 속을 뚫으나 물에 흔적 없구나!
水流任急境常靜　물이 急히 흐르나 그 境界는 恒常 고요해
花落雖頻意自閑　꽃이 비록 자주 지나, 그 뜻은 自閑이라네.

백낙천白樂天이 초음初吟하고 도솔종열兜率從列이 개음改吟하였다. 백생白生과 도옹兜翁이 다만 무심無心을 읊었거니, 홍생洪生의 숨소리가 거칠도다. 누가 있어 부동자한不動自閑을 노래할 것가?

채근증의菜根證義 第6目

최상문장 最上文章

林間松韻과 石上泉聲을 靜裡聽來면 識天地自然鳴佩하고
림간송운　석상천성　정리청래　식천지자연명패

草際烟光과 水心雲影을 閒中觀去면
초제연광　수심운영　한중관거

見乾坤最上文章이니라.
견건곤최상문장

숲 사이 솔바람 소리, 바윗돌 위 샘물 소리를 고요함 속에서 듣노라면 천지天地의 자연음악自然音樂임을 알 수 있고, 초원草原의 안개빛, 물속의 구름 그림자를 한가한 가운데 보노라면 천지天地 가운데 최상最上의 문장文章임을 알 수 있다.

某解

▸ 자연自然의 대기대용大機大用이라, 무시무종無始無終이요, 무선무악無善無惡이며 불가불손不加不損이거다. 차리此理의 토출吐出이라, 곧 무정자화無情自化요, 무구문장無垢文章이요, 무간지음無間之音이며, 천연화폭天然畫幅이다. 고덕古德이 인법천人法天하고 천법도天法道하며 도법자연道法自然이라 하였다. 누가 그렇게 하는지 묻지 말라! 그대가 정념情念이 쉬면 나타나니라! 咄!

무념 無念

今人은 專求無念이로되 而終不可無하나니 只是前念不滯하고
금인 전구무념 이종불가무 지시전념불체

後念不迎하여 但將現在的隨緣하여 打發得去하면
후념불영 단장현재적수연 타발득거

自然漸漸入無니라.
자연점점입무

지금 사람들은 오로지 무념無念을 구하기에 힘쓰나 끝내 무념無念을 이루지 못한다. 다만 앞생각에 머물지 말고 뒷생각을 맞지 아니하며, 오로지 현재懸在의 인연因緣을 따라서 성성惺惺을 지켜간다면, 자연히 차츰차츰 무념無念의 경지境地로 들어가게 된다.

某解

▸ 인연因緣을 따라서 성성惺惺을 지켜나가는 것이라 함에 병통病痛이 없지 아니하다. 실지實地는 과거 현재 미래를 모두 민멸泯滅하여 인연因緣이 공空한 연후에야 무념無念이 두렷이 현전現前하는 것이다. 만약 무념無念의 진심眞心이 현전現前하면 이 세계世界와 저 세계世界도 있지 아니하며, 보리菩提와 열반涅槃도 거처할 곳이 없다. 오직 무루無漏의 청정광명淸淨光明이 무시상재無始常在할 따름이다.

채근증의菜根證義 第8目

성천 性天

性天澄徹하면 卽饑喰渴飮도 無非康濟身心이요
성천징철 즉기식갈음 무비강제신심

心地沈迷하면 縱談禪演偈라도 總是播弄精魂이니라.
심지침미 종담선연게 총시파롱정혼

성천性天에 맑아 통하면, 곧 배고플 때 밥 먹고, 목마를 때 물 마시면서도 심신心身을 편하지 않음이 없다.

그러나 심지心地가 침미沈迷하면, 선禪을 말하고 게송偈頌을 강론講論함에 늘어져서 모두 정신精神을 희롱戲弄할 뿐이다.

某解

▸ 심지心地가 미혹迷惑에 거처하면 일체법一切法에 의해 굴리어지게 된다. 이는 주인이 종살이 하는 격이다. 만법萬法이 본래 공空하거니 만법萬法에서 벗어나지 못하면 서글픈 인생노정人生路程이 펼쳐지는 것이다. 누가 알고도 서글프게게 살겠는가?

＊ 강제康濟 : 편안便安히 건너다.

＊ 징철澄徹 : 맑게 통通하다.

＊ 침미沈迷 : 미혹迷惑에 빠지다.

소요 逍遙

人心에 有個眞景하여 非絲非竹이라도 而自恬愉하고
인심 유개진경 비사비죽 이자념유

不烟不茗이라도 而自淸芬하나니 須念淨境空하고
불연불명 이자청분 수념정경공

慮忘形釋이라야 纔得以游衍其中이니라.
려망형석 재득이유연기중

사람의 마음에 하나의 진경眞景이 있으니, 거문고와 피리가 아니라도 스스로 편안하고 즐거우며, 향香과 차茶가 아니라도 스스로 맑고 향기롭구나. 모름지기 생각이 맑고 경계境界가 비어서 잡념雜念을 쉬고 모습을 잊어야 곧 그 가운데서 소요逍遙할 수 있다.

某解

▸ 대개 도道를 설평說評하는 자가 진심眞心과 망심妄心을 구별하지 못하고 뭉뚱거려 말한다. 범성凡聖의 차별원인差別原因과 병처病處를 밝히 알지 못하는 까닭이다. 홍생이 진망眞妄을 명별明別하는 것 같지 아니하다. 대개의 공부인이 정처靜處의 흥취興趣를 오과悟果로 착식錯識하는 것이다. 태평무애泰平無碍란 평등平等의 대용大用이다. 지인至人의 평등平等은 자특自特의 오만傲慢이 없다.

백조설 白晁說

白氏云하되 不如放身心하여 冥然任天造라 하고 晁氏云하되
백씨운 불여방신심 명연임천조 조씨운

不如收身心하여 凝然歸寂定이라하니 放者는 流爲猖狂하고
불여수신심 응연귀적정 방자 류위창광

收者는 入於枯寂하나니 唯善操身心的은 把柄在手하여
수자 입어고적 유선조신심적 파병재수

收放自如니라.
수방자여

백낙천白樂天이 말하기를 '몸과 마음을 다 놓아 버려서 되어가는 대로 맡기는 것이 상로上路이다'고 하였고, 조보지晁補之가 이르기를 '몸과 마음을 수습收拾하는 것은 응연凝然하여 적정寂定으로 돌아감만 같지 못하다'고 하였다. 놓아 버리면 흘러서 미치광이처럼 되고, 거두어 두면 메마른 적막寂寞함에 들어갈 뿐이다. 오직 몸과 마음을 잘 지키는 이는 그 자루가 손에 있어 거두고 놓음을 마음대로 한다.

某解

▸ 백낙천白樂天은 도림道琳에게서 개오開悟하여, 중은中隱으로 미진微塵을 닦은 고사高士이다. 조보지晁補之는 조심祖心에게서 개오開悟하였으며, 소문사학사蘇門四學士의 일인으로 소동파蘇東坡가 허여許與한 고사高士이다. 홍생洪生의 견처見處가 어찌 백낙천과 조보지에 미치랴. 백생白生과 조생晁生은 초연超然하고, 홍생은 측해자유測解自遊하는 것이다.

채근증의菜根證義 第11目

공적 空寂

理寂則事寂하나니 遺事執理者는 似去影留形하고
리 적 즉 사 적 　 유 사 집 리 자 　 사 거 영 류 형

心空則境空하나니 去境存心者는 如聚羶却蚋니라.
심 공 즉 경 공 　 거 경 존 심 자 　 여 취 전 각 예

도체道體가 공적空寂하면 그 작용作用도 공적空寂하다. 작용作用을 버리고 도체道體만 잡는 것은 그림자를 없애고 형체形體만 머무르려 함과 같고, 마음이 비면 경계境界도 비었나니, 경계境界를 없애고 마음만 보존保存하려는 것은 비린 것을 모아 놓고 쉬파리를 쫓으려는 것과 같으니라.

某解

▸ 정언政言이 지은 진심직설眞心直說 가운데 열 가지 공부방법이 있다. 그 방법 중에 경계境界를 멸滅하고 마음을 관觀하는 법法과 마음을 멸滅하고 경계境界를 관하는 법法을 두었는데, 그러한 방로方路를 나무라는 말이다. 정언政言과 홍생洪生은 시대가 서로 멀지 않은 까닭에 어두운 곳을 질책하는 것이다. 홍생洪生은 구건총명垢愆聰明이나 그 노행勞行과 측지測知의 소견所見이 상당하다.

제물 齊物

心無其心이니 何有於觀이리오. 釋氏曰, 觀心者는
심 무 기 심 하 유 어 관 석 씨 왈 관 심 자

重增其障이니라. 物本一物이니 何待於齊리오. 莊生曰,
중 증 기 장 물 본 일 물 하 대 어 제 장 생 왈

齊物者는 自剖其同이니라.
제 물 자 자 부 기 동

마음에 망심妄心이 없으니, 무슨 관심觀心이 필요하랴! 석가釋迦가 말한 관심觀心이란 그 장애障礙를 더할 뿐이다. 사물事物은 본래 한 물건이니 가지런함을 기다릴 필요가 어디 있으랴! 장자莊子가 말한 제물齊物이란 스스로 그 같음을 갈라놓는 짓이다.

某解

▸ 관심觀心과 제물齊物의 도리를 통해通解한 이는 오직 무심無心을 설명하고, 무심無心의 묘용妙用을 드러낸다. 홍생洪生이 약간의 견해가 생겨, 크게 말하며 즐거워 한 것이다. 홍생洪生의 말에 대략의 이치가 없지 않으나, 관심觀心과 제물齊物의 도리를 통해通解한 것이 아니다. 이러함은 홍생에게 지혜가 높은 벗이 없는 까닭이다. 홍생이 기분을 좀 낸 것이라 보아두자.

채근증의菜根證義 第13目

원기 圓氣

把握未定이어든 宜絶迹塵囂하여 使此心으로
파 악 미 정 의 절 적 진 효 사 차 심

不見可欲而不亂하여 以澄吾靜體하고 操持旣堅이어든
불 견 가 욕 이 불 란 이 징 오 정 체 조 지 기 견

又當混跡風塵하여 使此心으로 見可欲而亦不亂하여
우 당 혼 적 풍 진 사 차 심 견 가 욕 이 역 불 란

以養吾圓氣니라.
이 양 오 원 기

참 마음을 아직 밝히지 않았다면 마땅히 진세塵世에서 발길을 끊으라. 이 마음으로 하여금 욕심내는 것을 보지 못하게 하고 어지럽지 않게 하라. 그리하여 나의 정체靜體를 해맑게 하라. 진심眞心을 이미 굳게 잡았거든, 다시 속세俗世에 발길을 섞어, 마음에 욕심이 일어도 어지럽지 않게 하라. 그렇게 하여 나의 원기圓氣를 밝혀라.

某解

▸ 참 마음[眞心]을 밝히고자하면, 먼저 진세塵世를 잊어야 한다. 흉중에 세사世事를 담고 망정妄情을 쉬기 어렵기 때문이다. 공부工夫에 힘을 얻으려면 진세塵世를 잊고 정정靜淨에 나아가야하는 것이다. 정정靜淨이 익으면 삼매三昧가 나타나고, 삼매三昧가 깊어지면 홀연히 진심眞心이 드러나는 것이다. 그러나 이러하기가 쉽지 않은 것은 범부들의 인생에는 쾌취快趣와 숙습세욕宿習世欲의 뿌리가 깊기 때문이다. 홍생이 "나의 원기圓氣를 밝혀라."고 함이 아름답다.

구산병 丘山病

機息時에 便有月到風來하나니 不必苦海人世로다. 心遠處에
기식시 변유월도풍래 불필고해인세 심원처

自無車塵馬迹이어늘 何須痼疾丘山이리오.
자무차진마적 하수고질구산

망심妄心이 쉬면, 문득 소소昭昭히 달뜨고 적연寂然히 바람 불어오나니, 세상世上이 반드시 고해苦海가 아니다. 마음이 세상에서 멀면, 절로 수레의 티끌과 말소리가 없나니 어찌 깊은 산을 그리는 병病이 있으랴.

某解

망심妄心이 쉬면 두렷 진심眞心이 나타나거니,
달뜨고 바람 불어옴이라 누가 있어 고칠 것인가?
예부터 이 소식消息은 변하지 않았거니
망고妄苦가 멸滅하면 방외方外에 거니니라.

소연 蕭然

人心은 多從動處에 失眞하나니 若一念不生하고
인심 다종동처 실진 약일념불생

澄然靜坐하면 雲興而悠然共逝하고 雨滴而冷然俱淸하며
징연정좌 운흥이유연공서 우적이냉연구청

鳥啼而欣然有會하고 花落而瀟然自得하리니 何地가
조제이흔연유회 화락이소연자득 하지

非眞境이며 何物에 非眞機리오.
비진경 하물 비진기

마음妄心이 경계에 따라감으로써 참됨을 잃어버린다. 만약 한 생각도 일어나지 않고 맑게 정좌靜坐하면, 구름이 일어나면 유장하게 함께 하고, 빗방울이 떨어지면 서늘하게 함께 맑으며, 새가 지저귀면 흔연히 맞이하고, 꽃이 지면 소연蕭然히 깨달을 것이니 어디인들 진경眞境이 아니며, 무엇엔들 진기眞機가 없겠는가!

某解

▸ "사람의 마음은 여러 경계境界에 따라감으로써 참됨을 잃어버린다. 만약 한 생각도 일어나지 않고 맑게 정좌靜坐하면,"이라는 견해는 도리가 비슷해 보이나 허물이 있다. 무념無念이란 정념情念 없이 생각하는 것이요, 생각이 일어나지 않는 것이 아니다. 대개 지해知解의 소견이 이러하다. "꽃이 지면 소연蕭然히 깨달을 것이니 어디인들 진경眞境이 아니며, 무엇엔들 진기眞機가 없겠는가!"에도 유병有病이나 자세히 해설하지 않는 것은 뒷사람의 자발을 위함이다.

수덕 守德

守道德者는 寂寞하고 依阿權勢者는 凄凉萬古니라. 達人은
수도덕자 적막 의아권세자 처량만고 달인

觀物外之物하고 思身後之身하나니 寧受一時之寂寞이언정
관물외지물 사신후지신 영수일시지적막

毋取萬古之凄凉이라.
무취만고지처량

도덕道德을 지키며 사는 이는 적막寂寞하고, 권세權勢에 의지하고 아부阿附하는 자는 만고萬古에 처량凄凉하다. 달인達人은 모습 밖의 모습을 보고, 몸 뒤의 몸[眞性]을 생각하나니, 차라리 일시적인 적막寂寞을 겪을지언정 만고萬古에 처량凄凉함을 취하지 말지라.

某解

▸ 달인達人이란 정념情念이 환幻인 줄 알아서, 환幻을 탐하지 아니한다. 정념情念이란 범부 마음妄心이며, 내용은 환幻이다. 달인達人은 물외지물物外之物을 관觀하고, 신후지신身後之身으로 거처하며, 무사지사無思之思를 행하나, 그 처행處行은 다만 평범平凡할 따름이다.

풍미 風美

天地는 寂然不動이로되 而氣機는 無息少停하며 日月은
천지 적연부동 이기기 무식소정 일월

晝夜奔馳로되 而貞明은 萬古不易이니라. 故로 君子는 閒時에
주야분치 이정명 만고불이 고 군자 한시

要有喫緊的心事하며 忙處에 要有悠閒的趣味니라.
요유끽긴적심사 망처 요유유한적취미

천지天地의 대체大體는 움직이지 않지만[寂然不動] 그 기미機微의 작용作用은 잠시도 쉬는 일이 없다. 일월日月은 밤낮으로 바삐 달리지만, 그 밝음은 만고萬古에 바뀌지 아니한다. 그러므로 군자君子는 한가閑暇한 때에도 사생死生의 대사大事에 대비對備하는 마음가짐이 필요하고, 바쁜 경우境遇에도 한가로운 풍미風美를 지녀야 한다.

某解

▸ 공자께서 "百姓이 日用而不知"라 하였다. 즉 범부가 일상日常에 진심眞心으로 하지 않음이 없으나 스스로 알지 못한다고 한 것이다. 다만 범부가 스스로 미혹迷惑하여 도道를 알지 못한 까닭에 대기大機에 어긋날 뿐이라는 것이다. 그러므로 미혹迷惑과 대오大悟에 관계 아니하고 범부와 성인의 진심眞心은 시종始終을 두지 않고 청정광명淸淨光明을 나투는 것이다. 다만 개오開悟 후에야 참사람의 길을 갈 수 있는 것이다.

공자께서 계사繫辭에 "寂然不動感而遂通天下之故"라 하였다. 즉 진심眞心은 정靜과 동動에 항상히 적연부동寂然不動하여 천하만사天下萬事의 본래本來에 응하되 사계四季의 변화와 전패顚沛와 사생死生의 때에도 적연부동寂然不動하다는 것이다. 예부터 공자의 말씀 '진심眞心이 적연부동寂然不動하다'는 말에 학자들이 망연茫然히 물러서서 이러니 저러니 궁리窮理하나, 적확的確한 판단을 하지 못한다.

천지天地가 찰나刹那도 쉬지 않고 변하여 움직이며, 범부의 마음은 처소處所와 시時를 따라 바뀌는데 적연부동寂然不動이라 하니 적해的解가 쉽지 않은 것이다.

진심眞心은 범부凡夫 일생一生의 모든 곳에 적연부동寂然不動이 아닌 때가 없으나, 범부의 견해로 긍정肯定하기 어려운 곳이다. 고로 고현古賢들이 공자의 삼대三大 난해처難解處로 삼았다. 나머지 난해처難解處 둘은 무사無思와 무위無爲이다.

자사子思도 이 뜻에 합하지 못해 중용中庸에 칠정七情의 미발未發과 이발已發로 설명하였다. 적연부동寂然不動이라면 미발未發과 이발已發 모두 적연부동寂然不動이 아닌가? 공자孔子가 옳은가? 자사子思가 옳은가? 판단은 공부하는 이의 몫이다.

대괴 大愧

夜深人靜에 獨坐觀心하면 始覺妄窮而眞獨露하나니
야심인정 독좌관심 시각망궁이진독로

每於此中에 得大機趣니라. 旣覺眞現而妄難逃면
매어차중 득대기취 기각진현이망난도

又於此中에 得大慚忸이니라.
우어차중 득대참뉵

깊은 밤 고요히 홀로 앉아, 관심觀心하여 개오開悟하면 비로소 망심妄心이 사라지고 진심眞心만이 홀로 나타남을 깨닫게 된다. 군자는 항상 이 가운데서 대기대용大機大用을 얻게 되는 것이다. 이미 개오開悟하여 진심眞心이 나타났어도 망심妄心에서 벗어나기 어려움을 안다면, 또한 이 가운데서 큰 부끄러움을 깨닫게 된 것이다.

某解

▸ 매득대기每得大機란 진심眞心의 대기대용大機大用이 항상恒常하게 현전現前함이다. "이미 개오開悟하여 진심眞心이 나타났어도 망심妄心에서 벗어나기 어려움을 깨닫는다면–"라는 말은 경지境地가 상당히 높다. 이것은 홍생의 견처가 밝아진 만년晩年의 말이다.

명류 名流

作人이 無甚高遠事業이라도 擺脫得俗情이면 便入名流요
작인 무심고원사업 파탈득속정 변입명류

爲學이 無甚增益工夫라도 減除得物累면 便超聖境이니라.
위학 무심증익공부 감제득물루 변초성경

사람이 되어 높고 원대遠大한 일은 못할지라도 능히 세속世俗의 정념情念에서 벗어날 수 있다면, 이는 곧 명류名流에 들 것이다. 학문學問을 닦음에 있어서 뛰어난 경지境地에 이르지 못할지라도 능히 물욕物欲의 누累를 버릴 수 있다면, 이내 세속世俗을 초월超越하여 필경에 성인聖人의 경지境地에 합하게 되리라.

某解

▸ 명류名流란 방외달사方外達士를 가리킨다. 학문學問을 닦는다 함은 중사中士의 공부를 가리킨다. 중사라 하더라도 물욕物欲을 잊게 되면 세속을 초월함이 가까워지고, 세속을 초월하게 되면 망정妄情이 허망함을 알게 되며, 망정妄情이 허망함을 알게 되면 망정妄情을 버리게 된다. 망정妄情을 버리고 또 버리면 필경에 자성自性의 청정광명淸淨光明이 드러나게 되는 것이다.

성심 誠心

家庭에 有個眞佛하고 日用에 有種眞道니라.
가정 유개진불 일용 유종진도

人能誠心和氣하고 愉色婉言하여 使父母兄弟間으로
인능성심화기 유색완언 사부모형제간

形骸兩釋하고 意氣交流하면 勝於調息觀心萬倍矣니라.
형해양석 의기교류 승어조식관심만배의

집 안에 참 부처가 있고 일상생활日常生活 속에 진실眞實한 도道가 있다. 사람이 능히 성심誠心으로 화평和平한 기운氣運을 지녀 부드러운 얼굴빛으로 따뜻하고 밝게 말하여서 부모형제父母兄弟가 서로 화합和合하고 뜻이 통通하게 한다면, 이야말로 도가道家의 조식調息이나 선가禪家의 참선參禪보다 만배萬倍나 더 나으리라.

某解

▸ 성심誠心의 성誠은 성惺의 뜻이다. 성심誠心은 곧 깨어 있는 마음이니, 망심妄心이 없는 마음이다. 만약 성심誠心을 이룬다면 도道가 현전現前할 것이다. 도道가 현전現前하면, 도道를 이루고자하는 방도方道 즉 조식調息과 참선參禪은 필요가 없어진다. 이미 성심誠心을 이루었으면 무슨 방도가 소용하랴! 홍생의 견처見處가 방외方外에 나아갔기에 이러히 설하는 것이다.

연비어약 鳶飛魚躍

好動者는 雲電風燈하고 嗜寂者는 死灰槁木이니라.
호동자 운전풍등 기적자 사회고목

須定雲止水中에 有鳶飛魚躍氣象이니
수정운지수중 유연비어약기상

總是有道的心體니라.
총시유도적심체

움직임을 좋아하는 사람은 구름 속의 번개나 바람 앞의 등불과 같고, 고요함을 즐기는 사람은 불 꺼진 재나 마른 나무와 같다. 모름지기 멈춘 구름이나 고요한 물결 같은 마음 가운데에 솔개가 날고 물고기가 뛰노는[鳶飛魚躍] 기상氣像이 있어야 하니, 이것이 곧 도道를 깨달은 사람의 마음이다.

某解

▸ 논어論語에 지知와 인仁을 설명하는 수단으로 동動과 정靜을 들어, 지자요수知者樂水 인자요산仁者樂山으로 설명하였다. 지자知者는 아직 정념情念이 동動하고, 인자仁者는 정념情念이 없으므로 정靜이라하여 적연부동寂然不動을 가리키는 것이다. 예부터 적연부동지寂然不動地에 이른 이가 드물어 공자의 본지本旨가 넓혀지지 아니한 것이다. 鳶飛魚躍이란 솔개가 날고 물고기가 뛰노는 것이다. 성인이 이 가운 데, 정념情念이 있지 아니함을 가리켜 보였으나 사람들은 말만 외우고 제 소견所見대로 해석한다. 정이程頤와 주희朱熹도 그러하다. 鳶飛魚躍이 그대의 뜻에 어떠한가? 咄!

방명 放名

放得功名富貴之心下라야 便可脫凡하고
방 득 공 명 부 귀 지 심 하 변 가 탈 범

放得道德仁義之心下하야 便可入聖하리라.
방 득 도 덕 인 의 지 심 하 변 가 입 성

공명功名과 부귀富貴의 마음을 놓아 버려야 비로소 범속凡俗에서 벗어나게 되고, 도덕道德과 인의仁義의 마음을 놓아 버려야, 비로소 성인聖人의 문門에 들어갈 수 있다.

某解

▸ 도덕道德과 인의仁義의 사상思想에 물들면, 도덕과 인의가 나온 곳을 생각하지 못한다. 그리하여 인의仁義를 버리고 성인聖人을 없앤다는 말을 들으면, 귀를 씻고 돌아앉는다. 도덕경道德經의 절성기지絶聖棄智와 남화경南華經의 절인의絶仁義는 진심眞心이 모습과 이름을 떠났으며, 참 인의仁義는 문자文字 밖의 실상實相이라는 소식消息이다. 소작小雀이 어찌 도덕경과 남화경의 지취旨趣를 아리오. 공명功名과 부귀富貴에 취한 자는, 노장老莊을 읽어도 아전인수我田引水하고, 공자를 배우면서 적연부동처寂然不動處를 믿지 않고, 선禪을 듣고는 월분과도越分過度하여 비웃는다.

정신수습 精神收拾

學者는 要收拾精神하여 併歸一路니라.
학자　요수습정신　병귀일로

如修德而留意於事功名譽면 必無實詣며
여수덕이유의어사공명예　필무실예

讀書而寄興於吟咏風雅면 定不深心이니라.
독서이기흥어음영풍아　정불심심

학문學問하는 이는 오직 정신精神을 수습收拾하여 한길로 집중執中해야 한다. 만약 덕德을 닦으면서 사업事業이나 명예名譽에 뜻을 둔다면 결코 참된 경지境地에 이르지 못할 것이요, 책을 읽으면서 읊조리는 재미나 풍류風流에 흥을 붙인다면 결코 성性을 자득自得하지 못할 것이다.

某解

▸ 고인이 학문하는 길을 말한다. 하나는 과거를 위해 다문박식多聞博識하는 것이요, 다른 하나는 정세精細하게 글을 읽어 청신淸新을 얻는 것이요, 또 하나는 글을 읽되 그 말을 잊고 뜻을 얻어서, 필경에 방외方外에 소요逍遙하는 것이다. 그러므로 학문을 함에 정신精神을 수습收拾하여 한길로 집중執中해야 하며, 세속의 취미는 버려야 하는 것이다.

채근증의菜根證義 第24目

무이심 無二心

人人이 有個大慈悲하니 維摩屠劊가 無二心也요 處處에
인 인 유 개 대 자 비 유 마 도 회 무 이 심 야 처 처

有種眞趣味하니 金屋茅簷이 非兩地也라.
유 종 진 취 미 금 옥 모 첨 비 양 지 야

只是欲蔽情封하여 當面錯過면 使咫尺千里矣니라.
지 시 욕 폐 정 봉 당 면 착 과 사 지 척 천 리 의

사람사람이 본연本然의 큰 자비심慈悲心을 갖추고 있으며, 유마維摩와 도회屠劊가 두 마음이 아니다.

곳곳마다 모두 종종種種의 거처居處하는 취미趣味가 있으니, 황금黃金으로 꾸민 집과 초가집이 다르지 않다. 다만 욕심欲心에 덮이고 정념情念에 가려져, 눈앞 일에 착식錯識하여 그르치게 됨이 지척咫尺을 천리千里가 되게 하는 것이다.

某解

▸ 도회屠劊는 도회屠膾와 같다. 짐승을 도축하는 사람 즉 백정白丁을 가리킨다. 백정白丁에는 평민농부의 뜻도 있다. 유마維摩거사와 도회屠劊가 두 마음이 아니라는 것은 모든 범부와 성인聖人의 체성體性이 다르지 아니하다는 뜻이다. 체성體性이 다르지 않으므로 평등平等하며, 발심하여 공부하면 누구나 범부가 성인이 된다는 것이다. 이러히 듣고서도 돌아서는 자는 누구인가?

채근증의菜根證義 第25目

일문장一文章과 일음一音

人心에 有一部眞文章이로되 都被殘編斷簡封錮了하며
인심 유일부진문장 도피잔편단간봉고료

有一部眞鼓吹로되 都被妖歌艶舞湮沒了하나니 學者는
유일부진고취 도피요가염무인몰료 학자

須掃除外物하고 直覓本來라야 纔有個眞受用이리라.
수소제외물 직멱본래 재유개진수용

사람은 저마다 마음에 일부一部의 참 문장文章이 있건만 모두 옛 사람들의 부스러기 글 때문에 굳게 갇혀 있고, 한 가락의 참된 음音이 있으나 모두 요사妖邪스런 노래와 요염妖艶한 춤의 연기舞煙에 파묻혀 있구나. 배우는 사람은 모름지기 외물外物을 쓸어내고 곧바로 본래本來의 마음을 밝혀야 비로소 참다운 삶을 누리리라.

某解

▸ 위의 글은 석범게송釋梵偈頌의 설명이다. 석범釋梵의 게偈를 본다.

我有一券經　내게 한 권의 경經이 있나니
不因紙墨成　종이와 먹으로 지음이 아닐세라.
展開無一字　펼치면 한 글자도 없으나
常放大光明　대광명大光明을 항상히 비추운다.

심유청천 心有青天

心體光明하면 暗室中에도 有青天하며 念頭暗昧하면
심 체 광 명 암 실 중 유 청 천 염 두 암 매

白日下에도 生厲鬼니라.
백 일 하 생 려 귀

심체心體가 본디의 청정광명淸淨光明을 회복回復하면 어두운 방안에도 푸른 하늘이 있다. 망념妄念이 심체心體를 가리어 어두워지면 밝은 대낮에도 사나운 귀신鬼神이 나타나니라.

▮ 某解

▸ 심체心體란 진심眞心이요, 청정광명淸淨光明이란 진심眞心의 내용이다. 청정광명淸淨光明은 만고불변萬古不變이므로 곧 불생불사不生不死의 자리이다. 귀신이란 망심妄心을 가리킨다. 푸른 하늘[青天]이란 진심眞心이 모습이 없는 까닭에 허공虛空에 비유하여 설명한 것이다. 모습 없는 것을 설명함에는 한계가 있을 수밖에 없다.

범부는 학습한 지식으로 사유하고 이해하여 판단하기 때문이다. 비유 중에 허공이 잘 되었다. 공자孔子도 진심眞心을 설명함에 "허공이 무어라 하던가?"라 하였다. 허공설에 하나의 허물이있으니 곧 영지靈知이다. 맹자는 양지良知라 했다. 허공성虛空性과 영지靈知를 합하여 공적영지空寂靈知라 설명함이 가깝다고 하겠다.

채근증의菜根證義 第27目

성성惺惺 주인옹主人翁

耳目見聞은 爲外賊이요 情欲意識은 爲內賊이니
이 목 견 문 위 외 적 정 욕 의 식 위 내 적

只是主人翁이 惺惺不昧하여 獨坐中堂이면
지 시 주 인 옹 성 성 불 매 독 좌 중 당

賊便化爲家人矣리라.
적 변 화 위 가 인 의

귀와 눈으로 보고 듣는 것은 바깥의 도적盜賊이고 정념情念으로 짓는 의식意識은 안의 도적盜賊이다.

다만 정념情念의 주인옹主人翁이 성성惺惺하여 흐리지 않아, 중당中堂에 홀로 의젓 앉으면 도적盜賊이 변變하여 문득 한집안 사람이 되니라.

某解

▸ 귀와 눈으로 보고 듣는 것은 바깥의 도적盜賊이라 하고, 정념情念으로 짓는 의식意識은 안의 도적盜賊이라 하여 안팎을 두어 설명했으나, 도적은 다만 하나이다. 하나란 정념情念이요, 정념이 도적이다. 범부는 정념으로 보고 듣고 생각하여 판단한다. 만약 그 판단에 정념이 없으면 본래사람인 것이다. 본래사람은 정념 없이 성性으로 일상日常을 짓는다. 정념이 없으므로 지음 없이 짓는다고 한다. 정情이 환幻임을 알면 환幻이 이미 있지 아니하며, 환주幻主가 곧 진심眞心임이 드러나는 것이다.

현공 現空

風來疎竹에 風過而竹不留聲하고 雁度寒潭에
풍래소죽 풍과이죽불류성 안도한담

雁去而潭不留影이니라. 故로 君子는 事來而心始現하고
안거이담불류영 고 군자 사래이심시현

事去而心隨空이니라.
사거이심수공

바람이 성긴 대숲에 불어 소리를 짓지 만, 바람이 지나가면 대숲은 소리를 남기지 아니 하고, 기러기가 차가운 못을 지날 제 그림자를 드리우나 기러기가 가면 못은 그림자를 남기지 않는다. 그러므로 군자君子는 일이 다가오면 비로소 마음에 나타나고 일이 지나가고 나면 마음도 따라 비게 되는 것이다.

某解

▸ 위는 천의의회天衣義懷(993~1064)의 시를 빌려 홍자성이 점철성금點鐵成金을 꾀한 것이다. 의취義趣가 대략 통했으나 천의보다 품격이 못하다. 천의天衣의 시를 본다.

雁過長空 기러기 허공을 지나는데
影沈寒水 차가운 물속에 그림자 가라앉네.
雁無遺迹之意 기러기는 발자취 남기려는 뜻이 없고
水無留影之心 물은 그림자 담으려는 마음이 없네.
苟能如是 진실로 이와 같다면
方解異類中行 참으로 여러 군생群生 속에 가는 법을 아는 것 일세.

채근증의菜根證義 第29目

대용 大用

閑中에 不放過면 忙處에 有受用하고 靜中에 不落空이면
한중 불방과 망처 유수용 정중 불락공

動處에 有受用하며 暗中에 不欺恩이면 明處에 有受用이니라.
동처 유수용 암중 불기은 명처 유수용

한거閑居에 진심眞心을 관觀하면 바쁠 때에 대용大用이 있고, 고요한 가운데 공견空見에 떨어지지 않으면 일상日常에 대용大用이 있으며, 어두울 때 정情에 속지 않으면 밝을 때에 해맑은 대용大用이 있는 것이다.

某解

▸ 진심眞心을 관觀함에는 오직 정일집중精一執中해야 한다. 정일집중精一執中이 아니면 진심眞心이 나타나지 아니한다. 정일집중精一執中을 함에 한閑 정靜 암暗 명明에 주인主人이 오롯하면 공적영지空寂靈知의 무상대용無相大用이 드러나는 것이다. 정일집중精一執中은 가차삼매假借三昧이다. 가차삼매假借三昧가 익어 진심眞心이 현현顯現한 연후에 무심삼매無心三昧를 닦을 수 있는 것이다.

염기즉각 念起卽覺

念頭起處에 纔覺向欲路上去면 便挽從理路上來하라.
염두기처 재각향욕로상거 변만종리로상래

一起便覺하고 一覺便轉이니 此是轉禍爲福하고
일기변각 일각변전 차시전화위복

起死回生的關頭니 切莫輕易放過니라.
기사회생적관두 절막경이방과

문득 생각이 일어남을 알거든 곧 념두念頭로 되돌려라. 생각이 일어날 때 깨닫고, 한번 깨달으면 곧 성性을 회복回復함이라. 이것이 바로 전화위복轉禍爲福하고 기사회생起死回生의 관두關頭이다. 진실로 가벼이 지나지 말지라.

某解

▸ 염기즉각念起卽覺이란 관조觀照에 순일純一하다가 문득 한 생각이 일어날 때 깨치는 것을 이른다. 다시 말해 인생의 주인공을 관觀하다가 생각이 일어날 때 즉시 깨닫는 것이다. 총명聰明의 생각으로는 주인공을 깨칠 수 없고, 오직 무념無念을 이룬 연후에 깨칠 수 있는 것이다. 대저 쉬이 무념無念을 이루는 이는 숙세宿世의 선근善根이 바탕한 것이라 하겠다. 관조觀照함에 생각이 동動하면 이미 그르친 것이니, 이를 동념즉괴動念卽乖라 한다. 오랜 수선修禪의 공功이 있으면서도 염기즉각念起卽覺의 도리에 나아가지 못하는 것은 잡념雜念이 숨어있기 때문이다.

담중허명 淡中虛明

靜中에 念慮澄徹이면 見心之眞體하고 閑中에 氣象從容이면
정중 념려징철 견심지진체 한중 기상종용

識心之眞機하고 淡中에 意趣冲夷면 得心之眞味하나니
식심지진기 담중 의취충이 득심지진미

觀心證道엔 無如此三者니라.
관심증도 무여차삼자

고요한 가운데 생각이 맑아서 밝아지면 마음의 진체眞體를 볼 수 있고, 한가閑暇한 가운데 기상氣像이 조용하면 마음이 진기眞機를 알 수 있으며, 담박淡泊한 가운데 의취意趣가 허명虛明하면 마음의 진미眞味를 자득自得하나니, 마음을 관觀하여 도道를 증험證驗하는 데에 이 셋만 한 것이 없다.

某解

▸ 염려징철念慮澄澈은 적정寂靜하여 맑아서 밝아지는 것이요, 한중기종閑中氣從은 정념情念이 쉬어 정한淨閑하면 진기眞氣가 절로 따른다는 뜻이다. 담중허명淡中虛明은 정념情念이 없으면 비고 밝다는 노정설路程說이다. 念慮澄澈, 閑中氣從, 淡中虛明 가운데, 하나의 길에서 요지了知하면 반드시 진심眞心이 나타난다.

환幻과 진眞

以幻迹言이면 無論功名富貴요 卽肢體도 亦屬委形이요
이 환 적 언　무 론 공 명 부 귀　즉 지 체　역 속 위 형

以眞境言이면 無論父母兄弟요 卽萬物이 皆吾一體니
이 진 경 언　무 론 부 모 형 제　즉 만 물　개 오 일 체

人能看得破하고 認得眞이면 纔可任天下之負擔하고
인 능 간 득 파　인 득 진　재 가 임 천 하 지 부 담

亦可脫世間之韁鎖니라.
역 가 탈 세 간 지 강 쇄

이 세상世上을 헛것幻物으로 본다면, 부귀공명富貴功名은 물론 내 몸身조차 잠시 빌어 가진 것이다. 이 세상世上을 참[眞]으로 본다면 부모형제父母兄弟는 물론 만물萬物이 모두 나와 일체一體이다.

사람이 능히 이 둘 幻과 眞을 간파看破하여, 이 둘의 참뜻을 체득體得할 수 있다면, 천하天下의 짐을 가히 질 수 있으며 또한 천하天下의 얽매임에서 의연히 벗어날 수 있다.

某解

▸ 환幻이란 망심妄心과 몸을 이르고, 진眞이란 진심眞心과 만물형색萬物形色의 체體를 이른다. 환幻에 거처하면 진심眞心과 만물에 미혹하고, 진眞에 거닐면 인생의 본원本源이 밝아 성성적적惺惺寂寂으로 인생을 소요逍遙한다. 환幻과 진眞을 내용을 밝히 알면, 인생의 얽매임과 짐을 벗고 대자유大自由를 누리는 것이다.

채근증의菜根證義 第33目

주인 主人

當怒火慾水가 正騰沸處하여 明明知得하며
당 노 화 욕 수　정 등 비 처　명 명 지 득

又明明犯著하나니 知的是誰며 犯的又是誰이오 此處에
우 명 명 범 저　지 적 시 수　범 적 우 시 수　차 처

能猛然轉念이면 邪魔便爲眞君矣니라.
능 맹 연 전 념　사 마 변 위 진 군 의

분노憤怒의 불길과 욕망欲望의 물결이 끓어오르는 때를 당當하여, 분명히 이것을 알며, 또한 분명分明히 알며 행동行動을 억제抑制할 수 있는 자者가 있나니, 아는 것은 누구이며 억제하는 자는 누구인가?

이러한 때에 굳세게 마음을 돌린다면 사특邪慝한 망심妄心이 문득 참된 주인主人이 되나니라.

某解

▸ 자기 인생의 주인主人은 자신이다. 자신의 인생에 자신이 등한等閑히 하는 것이 어찌 안타까운 일이 아니랴!

반조 返照

一燈螢然에 萬籟無聲은 此吾人初入宴寂時也요
일 등 형 연 만 뢰 무 성 차 오 인 초 입 연 적 시 야

曉夢初醒에 群動未起는 此吾人初出混沌處也니
효 몽 초 성 군 동 미 기 차 오 인 초 출 혼 돈 처 야

乘此而一念廻光하여 炯然返照하면 始知耳目口鼻가
승 차 이 일 념 회 광 형 연 반 조 시 지 이 목 구 비

皆桎梏이요 而情欲嗜好가 悉機械矣리라.
개 질 곡 이 정 욕 기 호 실 기 계 의

등잔불이 반딧불처럼 가물거리고 만상萬象의 소리 고요해지면 우리들이 비로소 편안便安히 잠들 때요, 새벽꿈에서 막 깨어나고 뭇 군상群像의 움직임이 아직 일어나지 않을 적이 내가 비로소 혼돈混沌에서 빠져나올 기회機會인 것이다. 이때를 놓치지 않고, 한 생각 돌이켜 참나[眞我]를 비추어 보라! 마침내 알게 되리라! 이목구비耳目口鼻가 다 질곡桎梏이요, 정욕情欲과 기호嗜好가 모두 마음을 타락墮落시키는 병처病處임을–.

某解

공부工夫의 방도方道에, 적정寂靜으로 회광반조廻光返照하여 익으면, 문득 찰나에 개오開悟하는 것이다. 간단間斷없이 꾸준히 오래토록 노력하면 필경에 개오開悟할 것이다. 다른 길은 없다.

감무예 鑑無翳

水不波則自定하고 鑑不翳則自明이라. 故로 心無可淸이니
수불파즉자정 감불예즉자명 고 심무가청

去其混之者면 而淸自現하며 樂不必尋이니 去其苦之者면
거기혼지자 이청자현 낙불필심 거기고지자

而樂自存이니라.
이락자존

물은 물결이 일지 않으면 저절로 고요하고, 거울은 티끌이 없으면 절로 맑다. 그러므로 마음을 맑게 하려고 애쓸 필요가 없다. 그 흐리게 하는 것을 없애면 맑음이 저절로 나타날 것이요, 즐거움을 찾으려고 애쓸 필요가 없나니 그 괴롭게 하는 것을 없애면 즐거움을 저절로 있게 되리라.

某解

▸ 원각경圓覺經의 '일예재안一翳在眼 공화난추空華亂墜'의 설명이다. 눈에 하나의 티끌이 들면 헛꽃이 어지러이 보인다. 범부가 성인과 체성體性이 다르지 아니하나, 다만 하나의 티끌 정념情念이 범부병凡夫病의 원인原因인 것이다. 만약 티끌의 환幻을 없애면 옛 사람과 어깨를 나란히 하여 무사무등無事無等의 태평가太平歌를 부르게 되리라.

심허즉성현 心虛則性現

心虛則性現(심허즉성현)하나니 不息心而求見性(불식심이구견성)은 如撥波覓月(여발파멱월)이요
意淨則心淸(의정즉심청)하나니 不了意而求明心(불료의이구명심)은 如索鏡增塵(여색경증진)이니라.

마음에 정념情念이 없어야 성性이 나타난다. 정념情念을 쉬지 아니하고 견성見性을 구한다면, 이는 마치 정념의 물결을 헤치면서 심월心月을 찾는 것과 같다.

의意가 깨끗하면 마음이 맑아진다. 의意의 내용을 밝히 알지 못하고 명심明心을 구한다면, 이는 마치 거울의 맑음을 찾으면서 먼지를 더하는 것과 같다.

某解

▸ 이 구절句節은 채근菜根의 난해처難解處이다.

心生則種種法生　　망심이 생하면 온갖 법이 생하고
心滅則種種法滅　　망심이 멸하면 온갖 법이 멸하니라.

위의 게偈에서 심心이 망심妄心인 줄 스스로 통해通解하였다면, 구건지견垢愆知見에 나아갔다고 할 수 있다. 본문은 홍자성洪自誠의 견처見處이다. 이 구절에서 홍자성이 만년에 천망지견天網知見에 나아간 것을 보여준다. 본문의 心虛則性現은 心滅則性現과 같은 뜻이다.

무정 無情

冷眼觀人하고 冷耳聽語하며 冷情當感하고 冷心思理니라.
냉 안 관 인　냉 이 청 어　랭 정 당 감　냉 심 사 리

무정無情한 눈으로 사람을 보고, 무정無情한 귀로 말을 들으며, 무정無情한 정情으로 느낌에 당하며, 무정無情한 마음으로 이치理致를 생각해야 할지니라.

某解

▸ 무정無情에 계합契合하지 아니 하고서 어찌 도道를 만나리오.

채근증의菜根證義 第38目

천현일인 天賢一人

天賢一人하여 以誨衆人之愚어늘 而世反逞所長하여
천현일인 이회중인지우 이세반정소장

以形人之短하고 天富一人하여 以濟衆人之困이어늘
이형인지단 천부일인 이제중인지곤

而世反挾所有하여 以凌人之貧하나니 眞天之戮民哉인저.
이세반협소유 이능인지빈 진천지륙민재

허공天은 한 사람을 현명賢明하게 하여 뭇 사람의 어리석음을 깨우치게 한다. 세상 사람은 도리어 자신의 잘함을 뽐내어 다른 사람의 못함을 드러내는도다.

허공天은 한 사람을 부유富裕하게 하여 그로써 뭇 사람의 곤궁困窮을 건지고저 한다. 세상 사람은 도리어 자신이 가진 것을 믿고서 남의 가난을 업신여기니, 참으로 허공虛空의 업화業火를 받을 것이로다.

某解

▸ 달은 밤을 밝히고, 해는 낮을 밝힌다. 한 사람의 대현달사大賢達士가 나타나면 도道를 이어 세상의 등불이 되는 것이다. 대현달사가 아성亞聖의 경지境地에 이르면 밤을 밝히는 명월明月이 되리라.

불우불구 不憂不懼

君子는 處患難而不憂하나 當宴遊而惕慮하며
군자 처환난이불우 당연유이척려

遇權豪而不懼하나 對惸獨而警心이니라.
우권호이불구 대경독이경심

군자君子는 환란患亂에 처해서는 근심하지 않으나, 연유宴遊를 당하여는 근심한다. 군자君子는 권세權勢 있는 이를 만나서는 두려워하지 않으나, 아무 것에도 의지依支하지 않는 이를 만나면 놀라워한다.

某解

▸ 논어論語에 군자君子는 불우불구不憂不懼니라-라 하였다. 우憂와 구懼는 칠정七情이요, 여기서 우憂와 구懼는 칠정七情의 통칭이니 곧 범부의 마음이다. 고로 군자君子는 칠정七情이 없다는 것이다. 어찌하여 그러한가? 성인聖人에게서 배워 밝혀야 한다. 칠정七情이 본래 없음에 합했기에 홍생洪生이 아무 것에도 의지依支하지 않는 도리를 알아 지지知地에 거처한다고 하는 것이다. "군자君子는 아무 것에도 의지依支하지 않는 이를 만나면 놀라워한다."란 지지知地를 넘어선 무애지無礙地를 가리킨 것이다.

의지依支하지 않는 곳이란 정념情念이다. 금강경金剛經의 '應無所

住 以生其心'의 무주처無住處 역시 정념情念이다. 정념情念이란 중생衆生의 오래된 병病이다. 병病을 병病이라 통해通解한다면, 정념情念에 머뭄을 부끄럽게 여기고 정심淨心을 향하게 될 것이다.

계사繫辭에 이 도道를 백성이 일용日用하나 스스로 부지不知한다고 하였다. 사람사람이 장덕부지藏德不止의 명덕明德을 갖추고 있으나, 미혹迷惑하여 알지 못할 뿐이라는 것이다. 그러나 생각으로 도道를 헤아리는 학자들은 칠정七情의 굴레 속에서 일생을 보내며 무어라 무어라 주장하며 고집을 피운다. 성인聖人의 말씀을 등지고 허망한 세월을 살다가 세상을 떠나는 것이다. 정이程頤, 주희朱熹 등이 그러하다. 어찌 슬프지 아니한가?

菜根證義 消言背天.

채근증의菜根證義 후기後記

萬若 凡夫가
人生이 幻夢임을 自覺하여
自己를 밝히는 工夫에 나아갔다면
天美를 얻음이요,
情念이 幻인 줄 알았다면
天善에 나아갔음이요,
餘情을 損損하는 境地라면
天眞에 合한 것이다.
天眞에 오래 居處하여
不退地에 이르면
至人과 벗을 이루리니,
이 境地는 世俗에서
아는 이가 至極히 드물다.
轉身하면 他化天에 오가리니,
天神의 外護를 받으며
世世에 世上의 달빛이 되리라.

碧峙病老.

수심결修心訣 39目

普照知訥 晩撰
雲巖玄葉 素譯
碧峙病老 某解

眞心을 밝혀 大自由에 나아가는 길—

수심결서修心訣序

수심결修心訣은 보조지눌普照知訥대사의 만찬晩撰이다. 서산西山과 영규靈圭, 초의艸衣와 태평泰平, 경허鏡虛와 혜월慧月 등의 선사 그리고 제방의 선지식善知識들이 선문禪門의 지남指南으로 삼아 수심결의 강론講論을 그치지 않았으나, 언제부턴가 학자들이 지눌知訥과 규봉圭峰이 돈오점수설頓悟漸修說을 주장한다하며 지해종도知解宗徒라 폄훼貶毁하더니 근래의 수행자 가운데 수심결修心訣을 읽는 이가 드물어졌으니 어찌 슬프지 아니한가! 지눌知訥과 규봉圭峰을 가벼이 보는 자는 천식몰견淺識沒見이라 더 볼 것이 없다고 하겠다. 이러한 자는 농자聾者가 천음天音을 설하는 격이요, 맹자盲者가 종남산終南山의 경치를 평하는 것에 다름 아니다. 수심결修心訣은 선문염송禪門拈頌과 더불어 고려高麗의 제일서第一書이다.

원효대사의 금강삼매경소金剛三昧經疏를 금강삼매경론金剛三昧經論이라 하여 그 격格을 다시 봄과 같이, 수심결修心訣도 수심론修心論이라 격상格上함이 바를지나 우승愚僧은 다만 그 때를 기다릴 따름이다. 뒷사람들이 수심결修心訣에 의하여 수행요의修行要義를 투득透得하여 자성自性을 증오證悟하는 때가 있기를 고대하는 바이다.

2018 老夏에, 淸凉寺 滿願堂에서 雲巖玄葉 識

범부는 망심妄心으로 집을 삼고, 탐진치貪瞋癡의 불구덩이에서 삶을 꾸린다

三界熱惱가 猶如火宅하니 其忍淹留하야 甘受長苦아
삼 계 열 뇌 유 여 화 택 기 인 엄 유 감 수 장 고

欲免輪廻인댄 莫若求佛이니 若欲求佛인댄 佛卽是心이라
욕 면 윤 회 막 약 구 불 약 욕 구 불 불 즉 시 심

心何不離身中하니라
심 하 불 리 신 중

惱: 괴로울 뇌 淹: 오래 엄 輪: 바퀴 륜

삼계三界의 번뇌煩惱가 마치 불난 집과 같나니, 그 속에서 참고 견디면서 오랜 고통을 달게 받으려 하는가? 윤회輪廻를 면하고자 한다면 부처를 구하는 것보다 나은 것이 없으니, 만약 부처를 구하고자 한다면 부처는 바로 이 마음이라, 이 마음을 어찌 멀리서 찾겠는가. 이 몸을 떠나 따로 있는 것이 아니다.

某解

성인聖人은 일심一心이요, 범부凡夫는 이심二心이다. 필경에 누가 옳은가? 일심一心이란 진심眞心이 홀로 두렷함이요, 이심二心이란 진심眞心에 망심妄心이 가려져서 진심眞心을 잊고 망심妄心으로 행하는 까닭에 진심眞心이 드러나지 못하는 범부의 사정이다. 고향에서 고향을 잃고 나그네 거지로 떠도는 신세가 범부의 삶이니 서글프지 아니한가?

▮ 某註

□ 윤회輪廻 :

참나[眞我]는 윤회하지 않는다. 참나[眞我]에 스스로 그림자를 씌워 몸身과 망심妄心을 주인主人으로 삼는 소견所見 속에 윤회가 자리하는 것이다. 만약 진심眞心을 밝혀 진심眞心이 현현顯現하게 되면, 주인主人이 주인노릇을 하게 되는지라, 이러하면 윤회는 이미 있지 아니한 것이다. 그러므로 윤회란 범부의 허망한 마음으로 짓는 그림자요, 환幻인 것을 알 수 있는 것이다. 그러므로 불법공부佛法工夫의 목표는 진심眞心이 현현顯現하는 데 있는 것이다. 진심眞心이 현현顯現하면, 망심妄心의 내용을 밝히 알게 된다. 진심眞心이 현현顯現하면 망심妄心이 내용이 환몽幻夢임을 알 수 있는 것이다. 그리하여 마침내 망심妄心이 본래 없음을 확인하게 되는 것이다. 진심현현眞心顯現의 때를 개오開悟라 이름 한다.

□ 고苦 :

정념情念 즉 망심妄心을 나의 참마음[眞心]으로 여기고 인생人生을 꾸려가는 것이 범부들의 삶이요, 고苦이다. 정념情念이 욕欲에 기울어 울고 웃는 것을 끝없이 반복하는 것이 화택고火宅苦이다. 누가 정념情念이 허망한 몽환夢幻인줄 알고서도 정념情念에 머물며 탐심貪心과 음심淫心에 머무는 것을 즐겨 하겠는가? 정념情念, 칠정七情, 망심妄心, 생멸심生滅心은 같은 뜻이다.

□ 불佛 :

부처[佛]란 진심眞心의 다른 이름이다. 범부는 미迷한 부처[佛]요, 도인道人은 진심眞心이 깨어 있는 무정인無情人이다. 도인道人은 진심眞心의 청정광명淸淨光明이 항상하고 두렷한 무정인無情人인 것이다. 범부와 도인은 미迷와 오悟의 차이가 있을 뿐, 진심眞心에 차별이 있는 것이 아니다. 그러므로 범부가 결심하고 노력하여 탐진치貪嗔痴와 애증愛憎을 쉬게 되면 문득 진심眞心이 나타나는 것이다. 그러므로 참 공부란 오직 망심妄心을 쉬는데 있는 것을 알 수 있다.

□ 마음心 :

범부는 진심眞心과 환심幻心의 두 마음을 쓰나, 도인道人은 오직 진심으로 어묵동정語默動靜과 행주좌와行住坐臥에 거닌다. 환심幻心은 거짓 마음이기에 범부와 도인 모두가 하나의 마음인 것을 알 수 있다. 만약 범부가 환심幻心을 쉰다면 범부와 도인이 다르지 않은 것이다. 범부凡夫는 정념情念에 탐착貪着하여 정념情念을 진심眞心으로 오인誤認하기에 두 마음을 지닌다고 하는 것이다. 범부凡夫가 정념情念을 버리기 위해서는 밝은 이해와 굳센 노력이 필요한 것이다.

당장의 이 몸은 한 때에 나타나고 스러지는 거짓 모습이다. 참나는 어떤 것인가?

色身은 是假라 有生有滅이어니와 眞心은 如空하야
색신 시가 유생유멸 진심 여공

不斷不變이니 故로 云하사대 百骸는 潰散하야 歸火歸風호대
부단불변 고 운 백해 궤산 귀화귀풍

一物은 長靈하야 蓋天蓋地라하니라 嗟夫라 今之人이
일물 장령 개천개지 차부 금지인

迷來久矣라 不識自心이 是眞佛하고 不識自性이 是眞法하야
미래구의 불식자심 시진불 불식자성 시진법

欲求法호대 而遠推諸聖하며 欲求佛호대 而不觀己心하나니라.
욕구법 이원추제성 욕구불 이불관기심

假: 거짓 가 潰: 무너질 궤 蓋: 덮을 개 嗟: 탄식할 차

이 몸은 거짓이라, 생生함이 있고 멸滅함이 있지만, 참마음[眞心]은 허공虛空과 같아 멸하지도 변하지도 않는다. 그러므로, "몸은 죽으면 흩어져서 지地 수水 화火 풍風으로 돌아가지만, 한 물건참마음은 길이 신령神靈하여 하늘과 땅을 덮는다."고 하였다. 슬프다. 지금 공부하는 사람들은 참마음[眞心]을 미혹한지 오래되어 스스로의 마음이 바로 참 부처임을 알지 못하고 스스로의 성품性品이 바로 참 법法임을 알지 못하여, 법法을 구하고자 하면서 멀리 성인의 언설言說을 찾고, 부처를 구하고자 하면서 자기 마음을 보지 않는다.

某解

진심眞心과 망심妄心을 명확히 구별하여 불조佛祖의 설을 이해해야 바른 지해知解이다. 진심眞心과 망심妄心을 판별判別하지 못하면 일생一生을 경經과 논論을 읽었어도 지해知解가 미숙未熟한 사람일 따름이다. 지해知解가 밝아져서 경經과 논論을 통해通解하면 천망지견天網知見이 서는 것이다. 화엄게송華嚴偈頌에,

若人欲了知	만약 과거 현재 미래의
三世一切佛	부처님을 알고자 하면,
應觀法界性	마땅히 법계法界의 성품을 관觀하여
一切唯心造	일체가 마음이 조작한 것임을 알지니라.

에서 '一切唯心造'의 심心이 망심妄心을 가리킨 말씀인지, 진심眞心을 가리킨 말씀인지를 명쾌히 볼 수 있어야 한다. 만약 알지 못한다면 진심眞心을 밝히 알지 못한다고 하겠다. 머뭇거리거나 생각으로 계교計較한면 밝히 아는 것이라 할 수 있겠는가?

지금의 이 마음이 부처이다

若言心外에 有佛하고 性外에 有法이라하야 堅執此情하야
약 언 심 외 유 불 성 외 유 법 견 집 차 정

欲求佛道者는 縱經塵劫토록 燒身燃臂하며 鼓骨出髓하야
욕 구 불 도 자 종 경 진 겁 소 신 연 비 고 골 출 수

刺血寫經하며 長坐不臥하고 一食卯齋하고
자 혈 사 경 장 좌 불 와 일 식 묘 재

乃至轉讀一大藏教하야 修種種苦行하야도 如蒸砂作飯하야
내 지 전 독 일 대 장 교 수 종 종 고 행 여 증 사 작 반

只益自勞爾니라
지 익 자 로 이

燃: 태울 연 敲: 두드릴 고 髓: 골수 수

만약 마음 밖에 따로 부처가 있다 하고 성품性品밖에 따로 법法이 있다 하여 이런 생각을 고집한다. 불도佛道를 구하고자 하는 사람은 셀 수 없는 오랜 세월에 몸을 태우며 공양하고, 골수骨髓가 드러나도록 피를 짜내어 경經을 베끼고, 오랫동안 눕지 않고 앉아서 지내고長坐不臥, 하루에 한 끼만 먹고, 나아가 팔만대장경八萬大藏經을 모두 읽고, 온갖 고행苦行을 하면서 닦는다 하더라도 마치 모래를 쪄서 밥을 짓는 것과 같아, 다만 스스로 수고로움만 더할 뿐이다.

某解

진심眞心 즉 참마음이 불성佛性이다. 공부란 다만 참마음을 밝히는 것일 뿐, 밖으로 여타의 고행苦行에 있지 아니한 것이다. 공부工

夫는 다만 망심妄心을 쉬는 것에 있다. 오직 세상과 오욕칠정을 놓고 망심妄心을 쉬고 쉬어 윤집궐중允執闕中하여 회광반조廻光返照하면 필경에 진심眞心이 드러나는 것이다.

진심眞心이 드러나도 나타난 것이 아닌 까닭은 진심眞心은 모든 범부凡夫의 자족自足한 본래의 마음이기 때문이다. 스스로 자족自足하나 망령妄靈된 집착執着에 가려져 있기에 알지 못하는 때문이다. 그러므로 역대의 스승들께서 '갈고 닦아야 한다'고 하지 않고, 오직 '깨쳐야 한다'고 하신 것이다. 참마음[眞心]의 내용은 이름[名]과 모습[相]을 여의었으며, 허통적정虛通寂靜하며 명묘안락明妙安樂하다.

참마음은 이러히 모습이 없기에 불법佛法을 언설言說이 끊어진 가르침이라 하는 것이다. 배우는 이는 모름지기 가르침을 듣고 그 뜻을 얻어야 하는 것이다.

그런 까닭에 지눌대사가 "하루에 한 끼만 먹고, 나아가 팔만대장경八萬大藏經을 모두 읽고, 온갖 고행苦行을 하면서 닦는다 하더라도 마치 모래를 쪄서 밥을 짓는 것과 같아, 다만 스스로 수고로움만 더할 뿐이다."라고 한 것이다. 본래의 나[眞我]를 회복하여 망심妄心의 내용을 밝힌 이는 "이 마음이 부처이다."라 함도 '우는 아해 달래기'라 한다. 이것은 최상승最上乘의 도리道理에 합한 연후의 말씀이니 깊이 새겨 돌아보아야 한다.

진심眞心이 드러나면 제법諸法과 의妙意가 절로 흘러 나온다

但識自心하면 恒砂法門과 無量妙義를 不求而得이니라 故로
단 식 자 심　향 사 법 문　무 량 묘 의　불 구 이 득　고

世尊께서 云하사대 普觀一切衆生하니
세 존　운　보 관 일 체 중 생

具有如來智慧德相이라하시니라 又云하사대 一切衆生의
구 유 여 래 지 혜 덕　우 운　일 체 중 생

種種幻化가 皆生如來圓覺妙心이라 하시니라
종 종 환 화　개 생 여 래 원 각 묘 심

是知離此心外에 無不可成이로다
시 지 이 차 심 외　무 불 가 성

단지 스스로의 마음을 알기만 하면 수없는 법문法門과 헤아릴 수 없는 묘한 이치를 구하지 않아도 얻을 수 있다. 그러므로 세존世尊께서 말씀하셨다. "두루 일체중생을 보니 모두 여래如來의 지혜덕상智慧德相을 갖추었다."

세존께서 또 말씀하셨다. "일체중생一切衆生의 온갖 허깨비 같은 망념妄念의 변화가 모두 여래如來의 원각묘심圓覺妙心에서 난다." 바로 이 마음[眞心]을 떠나 따로 부처를 이룰 수 없음을 알아야 한다.

某解

범부의 망심당체妄心當體가 진심眞心인 원각묘심圓覺妙心이다. 망심妄心의 체體가 환幻이기 때문이다. 환幻은 환幻일 뿐이다. 환幻이 환幻인 것에 어떤 까닭이 있는 것이 아니라 환幻의 내용이 그러할

뿐이다. 불법佛法이란 사실事實을 밝혀 사실事實을 사실事實대로 설명說明하는 것이다.

달마대사達磨大師에 의하면 공부工夫의 길이란, 바깥의 모든 인연因緣을 쉬고[外息諸緣], 안으로 칠정七情을 놓아서[內心無喘], 정미롭고 한결같이 집중하여[精一執中], 자성自性에 돌이켜 비추우면[回光返照], 마침내 시절時節이 익을 제[心如墻壁], 홀연忽然히 진심眞心에 계합契合하는 것[可以入道]이다.

장자莊子에 세상과 나를 잊지 못하고 도道를 구하는 것은 불가하다고 누누이 설한다. 요堯임금이 허유許由에게 천하를 맡기려 함에 허유가 거절하니 요堯가 망연茫然하여 바라봄이 그것이다. 지금 세상에 도道를 구하는 이가 흉중胸中에 세상을 담고 있다면 그 노력이 절절切切하더라도 도道를 만나기 어려울 것이다. 도인道人은 세상사를 한 점의 티끌로 보는 것이다.

마음공부의 길은 외식제연外息諸緣, 내심무천內心無喘, 정일집중精一執中, 회광반조回光返照, 심여장벽心如墻壁, 가이입도可以入道의 방도方道를 벗어나지 아니한다. 이 길은 전세前世의 조사祖師와 선지식善知識이 밟은 유일한 지름길이다. 누가 이 승두蠅頭를 벗어나 도道를 이루리오.

박에서 구하지 말라

過去諸如來는 只是明心底人이시며 現在諸賢聖도
과거제여래 지시명심저인 현재제현성

亦是修心底人이시며 未來修學人도 當依如是法이니
역시수심저인 미래수학인 당의여시법

願諸修道之人은 切莫外求어다 心性이 無染하야
원제수도지인 절막외구 심성 무염

本自圓成하니 但離妄緣하면 即如如佛이니라
본자원성 단리망연 즉여여불

底 : 어조사 저

과거의 모든 여래如來는 다만 이 마음을 밝힌 분이시며, 현재의 모든 현성賢聖도 또한 이 마음을 닦는 사람이며, 미래에 공부工夫할 사람도 마땅히 스스로의 마음을 밝히는 공부에 의지해야 할 것이다. 원컨대 도道를 닦는 모든 사람들은 절대 밖으로 구하지 말라. 심성心性은 더럽혀짐 없이 본래 스스로 두렷하나니, 다만 망심妄心과의 망연妄緣을 여의면 곧 변함없는 부처이다.

某解

심성心性이 무염無染하여 본자원성本自圓成이라함은 기신론起信論에서 마명보살馬鳴菩薩이 진심眞心을 심성心性이라 표현함에 지눌知訥스님이 따른 것이다. 본자원성本自圓成이란 범부의 자성自性이 제불諸佛과 다르지 아니하다는 뜻이다. 능엄경楞嚴經은 진심망심론眞

心妄心論으로 설명한다. 이는 곧 성정론性情論이요, 성정론性情論은 체용설體用說이다. 조사祖師의 논설論說은 대개가 성정性情으로 간명簡明히 설파한다. 성정론性情論은 불법佛法이 중국에 들어오기 전에 유가儒家와 열자列子 등에 있었던 상론上論인 까닭이다.

그러나 유가儒家 등에 성정론性情論에 대한 언급은 단 두세 마디 뿐이다. 왜냐하면 이 도리를 정해正解하는 제자가 드문 까닭이다. 열자列子가 개오開悟한 뒤 말한다. "지금에야 정情이 실다움이 아닌 줄 알았다. 누가 여기에 동참하겠는가?" 열자列子가 정情이 환幻인 줄 알았던 것이다. 고자告者의 성무선무불선론性無善無不善論의 내용도 정환설情幻說이다. 성性에는 선악善惡의 정情이 없다는 설說이다. 맹자孟子는 만년에야 정환설情幻說을 알았다. 고자告者보다 훨씬 뒤의 일이다.

불법佛法도 이 상리上理와 다르지 아니하다. 정환설情幻說을 알지 못하면 선문정로禪門正路에 들어섰다고 할 수 없다. 정情은 환幻이요, 환幻은 헛것이라 환幻은 본래本來 있는 것이 아니다.

망심妄心을 쉬어 진심眞心을 밝히는 길 밖에 섰는 이는 모두가 변견외도邊見外道라 하겠다. "다만 망연妄緣을 여의면 곧 변함없는 부처이다. 但離妄緣하면 卽如如佛이니라"라는 말씀을 잊지 말아야 한다. 만약 '망연妄緣을 여의면 곧 변함없는 부처'란 말씀을 요해了解하여 지니지 못하면 변견외도邊見外道의 길에서 많은 세월을 허비하게 되는 것이다.

그대의 몸 가운데 있건마는 그대가 스스로 보지 못할 따름이다

問호대 若言佛性이 現在此身인댄 既在身中하야도
문 약언불성 현재차신 기재신중

不離凡夫로소니 因何我今에 不見佛性이닛고 更爲消釋하야
불리범부 인하아금 불견불성

悉令開悟케하소서 答하사대 在汝身中이언마는 汝自不見이니라
답 재여신중 여자불견

汝於十二時中에 知飢知渴하며 知寒知熱하며 惑瞋惑喜하니
여어십이시중 지기지갈 지한지열 혹진혹희

竟是何物고 此色身은 是地水火風四緣의 所集이라 其質이
경시하물 차색신 시지수화풍사연 소집 기질

頑而無情하니 豈能見聞覺知리오 能見聞覺知者가
완이무정 기능견문각지 능견문각지자

必是汝의 佛性이로다 故로 臨濟云하되 四大는
필시여 불성 고 임제운 사대

不解說法聽法하며 虛空은 不解說法聽法이요 只汝目前에
불해설법청법 허공 불해설법청법 지여목전

歷歷孤明한 勿形段者라사 始解說法聽法이라하니라
역역고명 물형단자 시해설법청법

所謂物形段者는 是諸佛之法印이며 亦是汝의 本來心也라
소위물형단자 시제불지법인 역시여 본래심야

則佛性이 現在汝身하니 何假外求리오 汝若不信하면
즉불성 현재여신 하가외구 여약불신

略擧古聖의 入道因緣하야 令汝除疑하리니 汝須諦信하라.
약거고성 입도인연 영여제의 여수체신

학인學人이 묻는다. "만약 불성佛性이 이 몸에 있다 하신다면, 이미 이 몸 가운데 번듯한데도 범부凡夫의 상相을 벗어나지 못하니,

제가 지금 무엇으로 인하여 불성佛性을 보지 못하는 것입니까? 다시 자세히 일러 모다 깨우쳐 주십시오."

스님이 답答하였다.

"그대의 몸 가운데 있건마는 그대가 스스로 보지 못할 뿐이다. 그대가 하루 종일 배고픈 줄 알고, 목마른 줄 알며, 찬 줄 알고 더운 줄 알며, 혹은 성내고 혹은 기뻐하는 이것이 필경에 어떤 물건이겠는가? 또 색신色身은 바로 지地 수水 화火 풍風의 네 가지 인연因緣이 모여서 이루어 것이라, 그 성질이 둔하고 정情이 없나니 어찌 능히 보고 듣고 느끼고 알 수 있겠는가? 능히 보고 듣고 느끼고 아는 그것이 도로시 바로 그대의 불성佛性이다.

고로 임제臨濟스님이 말하였다. —'사대四大로 이루어진 색신色身은 설법說法하거나 듣는 자가 아니며, 허공虛空은 법을 설할 수 없고 들을 수도 없다. 단지 그대의 눈앞에 역력歷歷하고 홀로 밝은 모습 없는 한 물건이 설법說法하고 듣는다.' —이른바 모습 없는 한 물건은 모든 부처님의 법인法印이요, 또한 그대의 본래 마음本來心이다. 즉 불성佛性이 지금 그대 몸에 번듯한데 어찌 헛되이 밖으로 구하는가. 그대가 만약 믿지 못한다면, 옛 성인聖人들이 도道에 든 인연을 간략히 들어서 그대로 하여금 의심을 풀게 하려하니, 그대는 모름지기 자세히 살펴 신심信心을 일으켜라."

某解

범부는 사대四大와 오온五蘊으로 나[我]를 삼는다. 사대四大와 오온五蘊은 몸과 망심妄心을 분석한 개념이다. 몸[四大]은 한때 머물다 떠나는 집이요, 망심妄心은 착식錯識으로 빚어진 환幻이다. 범부가 뒤바뀐 견해를 내어 사대四大와 오온五蘊을 나[我]로 인식할 따름인 것이다. 몸은 한 때의 나[我]라 할 수 있으나, 끝내는 흙으로 돌아가니 불변不變의 내[我]가 아니다. 몸이란 흙의 성질[地]과 물[水]과 생명력[火]과 기운[風]으로 구성되어 작용한다. 그 내용은 만물萬物의 변화에 따라 나타났다가 사라지는 재구성再構成과 산화散化하는 한 때의 형물形物에 다름 아니다. 만물과 사람의 몸은 끝없는 재활용再活用의 구성물일 따름이다.

이러한 사대四大와 오온五蘊의 주인이 진심眞心이다. 진심眞心이 곧 진아眞我요, 범부의 본래면목本來面目이요, 그대의 참모습이다. 참모습은 모습을 여읜 모습이라 모습 없는 모습이라 해 두자. 황벽黃檗스님과 백봉白峰거사가 "마음이 곧 허공과 같느니라.[心如虛空]"라 한 것은 진심眞心의 공적空寂함을 가리켰고, 임제臨濟스님이 "허공虛空은 법을 설할 수 없고 들을 수도 없다. 단지 그대의 눈앞에 역력歷歷하고 홀로 밝은 모습 없는 한 물건이 설법說法하고 듣는다."한 것은 진심眞心의 영지靈知를 드러내어 설명한 것이다. 황벽과 임제에 우열優劣이 있는 것이 아니요, 그 때와 사람에 따라 그렇게 설한 것이다. 진심眞心의 설명에 공적영지空寂靈知라 함이 명쾌하다. 공적영지空寂靈知는 하택荷澤스님의 설명이다. 규봉圭峰스님은 진심眞心을 본적본지本寂本知라 설명하였다. 적寂과 지知를 요해了解하여야 간경看經에 힘을 얻는다.

지금 작용作用하는 가운데 불성佛性이 나건 마는 그대가 스스로 보지 못할 따름이다

昔에 異見王이 問波羅提尊者曰 何者是佛이니잇고 尊者曰
석 이견왕 문파라제존자왈 존자왈

見性이 是佛이니라 王曰師하되 見性否잇까 尊者曰
견성 시불 왕왈사 견성부 존자왈

我見佛性이니라 王曰 性在何處이닛고 尊者曰
아견불성 왕왈 성재하처 존자왈

性在作用이니라 王曰是何作用이관대 我今不見이닛고 尊者曰
성재작용 왕왈시하작용 아금불견 존자왈

今現作用이언마는 王自不見이니라 王曰 於我에 有否잇가
금현작용 왕자불견 왕왈 어아 유부

尊者曰 王若作用인댄 無有不是어니와 王若不用인댄
존자왈 왕약작용 무유불시 왕약불용

體難見이니라 王曰 若當用時에 幾處出現이닛고 尊者曰
체난견 왕왈 약당용시 기처출현 존자왈

若出現時엔 當有其八이니라
약출현시 당유기팔

옛적에 이견왕異見王이 바라제존자波羅提尊者에게 여쭈었다. "무엇이 부처입니까?"

바라제존자波羅提尊者가 답하였다.

"성품性을 보는 것이 곧 부처입니다."

이견왕異見王이 존자尊者께 여쭈었다.

"존자는 성품[性]을 보았습니까?"

바라제존자波羅提尊者가 답하였다.
"나는 불성佛性을 봅니다."

이견왕異見王이 존자尊者께 여쭈었다.
"불성佛性은 어디에 있습니까?"
바라제존자波羅提尊者가 답하였다.
"불성佛性은 작용作用하는 가운데 있습니다."

이견왕異見王이 존자尊者께 여쭈었다.
"불성이 어떻게 작용하기에 저는 보지 못합니까?"
바라제존자波羅提尊者가 답하였다.
"지금 작용作用하는 가운데 나타나건마는 왕께서 스스로 보지 못할 뿐입니다."

이견왕異見王이 존자尊者께 여쭈었다.
"저에게 불성佛性이 있습니까?"
바라제존자波羅提尊者가 답하였다.
"왕께서 작용한다면 작용마다 불성 아님이 없지만, 작용하지 않는다면 체體를 보기 어렵습니다."

이견왕異見王이 존자尊者께 여쭈었다.
"마땅히 작용한다면 나타나는 곳은 몇이나 됩니까?"
바라제존자波羅提尊者가 답하였다.
"나타날 때는 당처當處가 여덟 있습니다."

某解

작용作用 가운데 불성佛性을 보면 개오開悟한 것이다. 범부의 견문각지見聞覺知 작용에 불성이 나타나지 않음이 없으나 범부가 스스로 보지 못하는 것이다. 이견왕異見王은 달마대사의 속가俗家 형兄이라 한다.

보고 듣고 말하는 가운데 자성自性이 항상하게 나타난다

王曰 其八出現을 當爲我說하소서 尊者曰 在胎曰身이요
왕 왈 기 팔 출 현 당 위 아 설 존 자 왈 재 태 왈 신

處世曰人이요 在眼曰見이요 在耳曰聞이요 在鼻辨香하며
처 세 왈 인 재 안 왈 견 재 이 왈 문 재 비 판 향

在舌談論하며 在手執捉하며 在足運奔하야 偏現하야는
재 설 담 론 재 수 집 착 재 족 운 분 편 현

俱垓沙界하고 收攝하야는 在一微塵이니 識者는 知是佛性이요
구 해 사 계 수 섭 재 일 미 진 식 자 지 시 불 성

不識者는 喚作精魂이니라 王이 聞心卽開悟니라
불 식 자 환 작 정 혼 왕 문 심 즉 개 오

捉: 잡을 착 奔: 달릴 분 徧: 두루 편 該: 갖출 해 喚: 부를 환

이견왕異見王이 존자尊者께 말하였다.

"그 여덟 가지를 저를 위해 설하여 주십시오."

바라제존자波羅提尊者가 답하였다.

"태胎를 빌려 난 것을 몸이라 하고, 세상에서는 사람이라 하고, 눈에 있어서는 보고, 귀에 있어서는 듣고, 코에 있어서는 냄새를 맡고, 혀에 있어서는 말을 하며, 손에 있어서는 잡아 쥐고, 다리에 있어서는 달립니다. 두루해서는 항사恒沙세계를 다 싸고, 거두어들이면 한 티끌에 있나니, 아는 사람은 이것이 바로 불성佛性임을 알고, 모르는 사람은 정혼精魂이라 이름 지어 부릅니다."

이견왕異見王이 듣고, 곧바로 마음을 깨쳤다.

某解

몸을 빌리고 세상에 거니므로 사람으로 행세한다. 그 행세의 실實에 진심眞心이 보고 듣고 말하지 아니함이 없다. 학인이 문득 진심眞心의 소재所在를 통해通解하면, 보고 듣고 말할 때, 당체當體를 반조返照하면 성성惺惺히 현전現前할 때가 있으리라. 진심眞心이 현전現前한다면 계합契合한 것이요, 진심眞心이 성성惺惺함에 거처하면 무심無心이 익은 것이다.

이는 상대인上大人을 넘은 최상승最上乘의 경지境地이다. 사유思惟와 언어言語에 미루어 짐작하는 바는 측지測知의 소처所處라 무심無心의 경지를 논論할 처지處地가 아니다.

수심결修心訣 第9目

그대가 바로 부처이다.
한번 눈이 가려지면 헛꽃이 어지러이 떨어진다

又僧이 問歸宗和尙호대 如何是佛이닛고 宗云하사대
우승 문귀종화상 여하시불 종운

我今向汝道언마는 恐汝不信이로다 僧云호대 和尙誠言을
아금향여도 공여불신 승운 화상성언

焉敢不信이리잇고 師云하사대 卽汝是니라 僧云호대
언감불신 사운 즉여시 승운

如何保任하리잇고 師云하사대 一翳在眼에 空花亂墜니라 僧―
여하보임 사운 일예재안 공화난추 승

聞卽時大悟라 上來所擧古聖의 入道因緣이 明白簡易하야
문즉시대오 상래소거고성 입도인연 명백간이

不妨省力이로소니 因此公案하야 若有信解處하면
불방성력 인차공안 약유신해처

卽與古聖으로 把手共行하리라
즉여고성 파수공행

또 어느 스님이 귀종歸宗화상에게 여쭈었다.

"무엇이 부처입니까?"

귀종歸宗스님이 답하였다.

"내가 이제 그대에게 말해주고자 하나 그대가 믿지 않을까 염려스럽다."

그 스님이 여쭈었다.

"스승의 지극한 말씀을 어찌 감히 믿지 않겠습니까."

귀종歸宗스님이 말하였다.

"그대가 바로 부처[佛]이다."

그 스님이 여쭈었다.

"어떻게 보림保任해야 합니까?"

귀종歸宗스님이 말하였다.

"한 번 눈이 가려지면 헛꽃이 어지럽게 떨어진다."

그 스님이 귀종歸宗스님의 말을 듣고 바로 깨쳤다.

–위에 든 바와 같이 옛 성인의 도道에 든 인연因緣이 명백明白하고 간명簡明하며 쉬워서 깨치는데 힘들지 않으니, 이 선문답禪問答을 듣고 만약 믿고 신해信解하는 바가 있다면, 곧 옛 성인聖人과 더불어 손을 잡고 함께 나아갈 것이다.

■ 某解

▸ "그대가 바로 부처이다."라는 말끝에 개오開悟하고, "한 번 눈이 가려지면 헛꽃이 어지럽게 떨어진다."라는 말에 명백明白하여졌다. 이로써 또한 개오開悟 이후의 공부를 알았다고 하겠다. 운문雲門스님이 이른다.

萬里足下青　萬里 虛空이 발아래 푸르나니
東山水上行　東山이 물 위를 가누나.
吾道此是中　나의 道는 이 가운데 있나니
行之貴日惺　修行에 나날이 惺惺해짐을 貴히 여기노라.

▸ 오지보살五地菩薩도 이러하거니 그 밖의 말이랴! 일예재안一翳在眼 공화난추空花亂墜에서 깊이 느껴 얻는 바가 있으면 출세出世의 장부丈夫라 할 것이다.

돈오돈수頓悟頓修는 최상근기의 공부이다

問호대 汝言見性이 若眞見性인댄 卽是聖人이라
문 여언견성 약진견성 즉시성인

應現神通變化하야 與人有殊어늘 何故로 今時修心之輩는
응현신통변화 여인유수 하고 금시수심지배

無有一人도 發現神通變化耶잇가
무유일인 발현신통변화야

학인學人이 묻는다. "말씀하신 견성見性이 만약 참 견성見性이라면 곧 바로 성인聖人이어서 응당 신통변화神通變化를 나타내어 보통 사람과 다름이 있을 것인데, 어찌하여 지금 세상에 마음을 닦는 사람들은 한 사람도 신통변화를 나타내는 사람이 없습니까?"

答하사대 汝不得輕發狂言하라 不分邪正이면
답 여부득경발광언 불분사정

是爲迷倒之人이라 今時學道之人이 口談眞理호대
시위미도지인 금시학도지인 구담진리

心生退屈하야 返墮無分之失者는 皆汝所疑니라
심생퇴굴 반타무분지실자 개여소의

學道而不知先後하고 說理而不分本末者는 是名邪見이라
학도이부지선후 설리이불분본말자 시명사견

不名修學이요 非唯自誤며 兼亦誤他라 其可不愼歟
불명수학 비유자오 겸역오타 기가불신여

夫入道에 多門이나 以要言之컨댄 不出頓悟漸修兩門이니라
부입도 다문 이요언지 불출돈오점수양문

雖曰頓悟頓修라하나 是最上根機의 得入也니라
수왈돈오돈수 시최상근기 득입야

若推過去컨댄 已是夛生에 依悟已修하야 漸熏而來하야
약 추 과 거 이 시 다 생 의 오 이 수 점 훈 이 래

至於今生하야 聞卽發悟하야 一時頓畢이니 以實而論컨댄
지 어 금 생 문 즉 발 오 일 시 돈 필 이 실 이 론

是亦先悟後修之機也라 則而此頓漸兩門은
시 역 선 오 후 수 지 기 야 즉 이 차 돈 점 양 문

是千聖軌轍也니 則從上諸聖이 莫不先悟後修하야
시 천 성 궤 철 야 즉 종 상 제 성 막 불 선 오 후 수

因修乃證이시니라 所言神通變化는 依悟而修하야
인 수 내 증 소 언 신 통 변 화 의 오 이 수

漸熏所現이 非謂悟時에 卽發現也니라
점 훈 소 현 비 위 오 시 즉 발 현 야

墮: 떨어질 타 歟: 어조사 여 軌: 길 궤 轍: 바퀴자국 철

스님이 답答하였다.

"그대는 미친 견해를 가벼이 내뱉지 말라. 삿된 것과 바른 것을 구분하지 못하면 바로 미혹迷惑에 빠진 사람이다. 지금 세상에 도道를 배우는 사람들은 입으로는 진리眞理를 말하면서 생각은 어리석어 도리어 삿된 것과 바른 것을 구분하지 못하는 실수에 빠지나니 모두 그대가 의심하는 바이다. 도道를 배우면서 선후先後를 알지 못하고, 이치를 말하면서 본말本末을 구분하지 못하는 것은 삿된 견해見解일 뿐 공부工夫라 할 수 없는 것이니, 오직 자신을 그르칠 뿐만 아니라 남도 그르치게 할 것이다. 어찌 삼가지 않겠는가? 무릇 도道에 들어가는 문門은 많으나 요점要點을 말하자면 돈오頓悟와 점수漸修의 두 가지 문을 벗어나지 않는다.

비록 돈오돈수頓悟頓修뿐이라 말하지만, 이는 최상의 근기根機에게 해당하는 공부이다. 만약 과거를 미루어 본다면 이 최상근기最上根機도 이미 다생多生에 걸쳐 깨달음에 의지하여 수행하여 차차 익

어 온 것이 금생今生에 이르러 듣는 즉시 깨달음이 열려 한 순간瞬間에 문득 일체의 공부工夫를 마친 것이니, 그 실實을 말하자면 이 最上根機도 또한 먼저 깨닫고 점차 닦은 근기였다. 곧 이 돈頓과 점漸 양문兩門은 모든 성인聖人들이 밟아간 길이니, 위로부터의 모든 성인聖人이 먼저 깨닫고 점차 닦아 이로 인하여 증득證得하지 아니함이 없었다. 말한 바 신통변화神通變化는 깨달음을 의지해 닦아 가면서 차츰 순숙純熟했기 때문에 나타나는 것이지, 깨닫자마자 바로 나타나는 것이 아니다."

某解

도道를 배우면서 선후先後를 알지 못하고, 이치를 말하면서 본말本末을 구분하지 못하는 것은 삿된 견해見解일 뿐 공부工夫라 할 수 없다. 불법佛法의 요체要諦를 알지 못하면서 경론經論의 문자文字를 외워 사견邪見으로 광설狂說하는 이가 많은 것이 어제 오늘의 일이 아니다. 실다이 정견正見이 열린 이가 드문 까닭이다. 예전의 수행자는 정견正見이 열리기 전에는 설법說法하지 않았으며, 정견正見이 열렸더라도 순숙純熟함을 기다려 때를 기다려 설하였다. 사견광설자邪見狂說者는 자신을 그르칠 뿐만 아니라 남도 그르치게 하는 것이요, 남을 그르치게 하는 죄업罪業이 크나큰 줄 알지 못하는 까닭이다. 돈오돈수頓悟頓修는 최상근기最上根機의 공부이다. 그럼에도 스스로의 분수를 돌아보지 아니하고 광설狂說하는 자가 허다히 나타니 서글픈 일이다. 옛사람은 개오開悟한 이후에 다시 경經과 논論을 섭수攝收하여 미진처未盡處 돌아보아 통연명백通然明白한 연후에 대지大智를 얻었다. 그런 연후에 대중의 뫼심을 받아 설하였으니 지금의 자가당착自家撞着의 설자說者와 같지 아니하다. 옛 가풍家風을 따라 회복回復하여야 할 것이다.

이치는 돈오頓悟이나 정습情習은 차츰 없앤다

如經에 云하사대 理卽頓悟라 乘悟倂消어니와 事는 非頓除이니
여경 운 이즉돈오 승오병소 사 비돈제

因次第盡이라시니라 故로 圭峰이 深明先悟後修之義하고
인차제진 고 규봉 심명선오후수지의

曰하되 識氷池而全水나 借陽氣以鎔消요
왈 식빙지이전수 차양기이용소

悟凡夫而卽佛이나 資法力而熏修니라 氷消卽水流潤하야
오범부이즉불 자법력이훈수 빙소즉수류윤

方呈漑滌之功하고 妄盡則心靈通하야
방정개척지공 망진즉심영통

應現通光之用이라하시니
응현통광지용

倂: 나란할 병 鎔: 녹일 용 呈: 나타날 정 漑: 물댈 개 滌: 씻을 척

경經에 이르되, "이치는 바로 돈오頓悟이나 깨달음과 함께 일체 정념情念이 함께 없지만, 습習은 한꺼번에 없앨 수 없어 차츰 다해야 한다"고 하였다. 그러므로 규봉圭峰스님이 먼저 깨닫고 뒤에 닦는 뜻을 깊이 밝히고 말씀하여 "얼어붙은 못이 온전히 물인 줄 알지만 햇빛을 빌려야 녹일 수 있듯이, 범부가 바로 부처인 줄 깨달았다 하더라도 깨달음의 힘을 바탕으로 점차 닦아야 한다. 얼음이 녹아 물이 되어 흘러 땅을 적셔야 바야흐로 논에 물을 대고 씻을 수 있는 공功이 나타나듯이, 망념妄念이 다하여 마음이 신령스럽게 통해야 신통광명神通光明의 용用이 나타난다."고 하였다.

■ 某解

"이치理致는 돈오頓悟이나 정습情習은 차츰 없앤다.理卽頓悟 事非頓除"는 말씀이 돈오돈수설頓悟頓修說과 같지 않다고 주장하는 학자들이 작금에 보이나, 그들이 화엄팔지華嚴八地의 경지境地를 통해하는지 의심스럽다. 어느 세월이라도 월분과도越分過度하는 자들의 광언狂言이 있는 것이다.

바람이 불어 지나간 뒤에도 풀잎은 남은 흔들림이 있고, 얼음의 성질이 물인 줄 알지만 녹은 때를 기다린 연후에 마실 수 있는 것이다. 십지十地의 보살菩薩이라야 망심불생妄心不生의 무생인無生忍을 자증自證하는 경지이다. 약간의 지견知見으로 돈오돈수설頓悟頓修說을 읊조리는 병病은 공부의 경지가 순효純曉의 밝음에 순숙純熟하지 못하면서 교사憍思가 앞서기 때문에 나타나는 말일 따름이다. 만약 망심妄心이 불생不生하면 허통적정虛通寂靜이 부동不動하여 신통광명神通光明이 자재自在할 것이니 그런 연후에 참다이 범부를 제도濟度할 수 있는 것이다. 지눌知訥과 규봉圭峰을 지해종도知解從徒라 이르는 이는, 조사비방祖師誹謗의 업業이 중重하여 필시 다세多世에 고초苦楚가 있을 것이다.

규봉圭峰스님이 "망념妄念이 다하여 마음이 신령스럽게 통해야 신통광명神通光明의 용用이 나타난다."고 한 말씀 가운데 고로古路가 있나니, "망념妄念이 다하여"라는 말씀이다. 경經에 이르기를 "십지十地의 보살지에 이르러야 망심불생妄心不生의 인印을 얻는다."고 하였다. 망심불생妄心不生의 경지에 합해야 능소能所가 온전히 적멸寂滅하는 줄 알아야 하는 것이다.

밝지 못하면서 해오解悟의 경지境地를 업수이 여기는 것은 성현聖賢을 믿지 않는 것이다

是知事上神通變化는 非一日之能成이라
시 지 사 상 신 통 변 화 비 일 일 지 능 성

乃漸熏而發現也니라 況事上神通이 於達人分上에
내 점 훈 이 발 현 야 황 사 상 신 통 어 달 인 분 상

猶爲妖怪之事요 亦是聖末邊事니 雖或現之나
유 위 요 괴 지 사 역 시 성 말 변 사 수 혹 현 지

不可要用이니라 今時迷癡輩가 妄謂一念悟時에
불 가 요 용 금 시 미 치 배 망 위 일 념 오 시

卽隨現無量妙用과 神通變化라하니 若作是解인댄
즉 수 현 무 량 묘 용 신 통 변 화 약 작 시 해

所謂不知先後며 亦不分本末也니라 旣不知先後本末하고
소 위 부 지 선 후 역 불 분 본 말 야 기 부 지 선 후 본 말

欲求佛道인댄 如將方木하야 逗圓孔也이니 豈非大錯이리오
욕 구 불 도 여 장 방 목 두 원 공 야 기 비 대 착

旣不知方便故로 作懸崖之想하야 自生退屈하야
기 부 지 방 편 고 작 현 애 지 상 자 생 퇴 굴

斷佛種性者가 不爲不夛矣니라 旣自未明일새
단 불 종 성 자 불 위 부 다 의 기 자 미 명

亦未信他人의 有解悟處하야 見無神通者하고
역 미 신 타 인 유 해 오 처 견 무 신 통 자

乃生輕慢하나니 欺賢誑聖이라 良可悲哉로다
내 생 경 만 기 현 광 성 양 가 비 재

況: 하물며 황 逗: 던질 두 懸: 매달 현 崖: 벼랑 애 慢: 모멸할 만
欺: 속일 기 誑: 속일 광

모름지기 신통변화神通變化는 하루아침에 이룰 수 있는 것이 아니라 차츰 순숙純熟해져서 나타나는 것임을 알아야 한다. 하물며 신

통이 진심眞心을 통달通達한 이에게는 오히려 요사妖邪스런 일이 되며, 성인聖人도 본분사本分事로 여기지 않는 것이니, 비록 간혹 신통神通을 나타낸다 하더라도 방편方便으로 쓸 뿐이다. 요즈음 미혹迷惑하여 어리석은 무리들은 '한 생각 깨달으면 바로 헤아릴 수 없는 묘용과 신통변화가 따라 나타난다.'고 망령되이 말한다. 만약 이렇게 알고 있다면 소위 공부工夫의 선후先後를 모르는 것이며 또한 본말本末도 모르는 것이다. 곧 공부의 선후先後와 본말本末을 모르고서 불도佛道를 구하고자 한다면, 마치 모난 나무로 둥근 구멍을 메우려하는 것과 같으니 어찌 큰 착각錯覺이 아니겠는가?

처음부터 공부工夫의 선후先後와 본말本末을 알지 못하므로, 오를 수 없는 경지라 여기고 스스로 퇴굴심退屈心을 내어 깨달음의 인연을 끊는 자가 적지 않다. 이미 스스로 밝지 못하므로 다른 사람의 해오解悟를 믿지 못하여 신통이 없음만을 보고 업신여기니, 이는 성현聖賢을 속이는 짓이다. 참으로 슬프지 아니한가.

某解

신통神通은 십지十地 이후에 절로 온전히 나타난다고 한다. 수행 중에 정식精識이 맑아져 숙명통宿命通이나 타심통他心通이 열리더라도 가리고 멀리해야 도道가 순숙純熟하게 나아가는 것이다. 수행자는 오로지 진심眞心이 현전現前하여 나날이 성성惺惺함이 더욱 밝아져 망념妄念이 불생不生함을 귀貴하게 여겨야 한다. 이길을 등지면 외도外道에 떨어지고 마는 것이다.

돈오頓悟하면 번뇌煩惱가 본래 없는 줄 안다. 그러나 무시無始의 습기習氣를 한꺼번에 모두 없애지 못한다

問호대 汝言頓悟漸修兩門이 千聖軌轍也라 하시니
문 여 언 돈 오 점 수 양 문 천 성 궤 철 야

悟既頓悟인 悟既頓悟인댄 何假漸修며 修若漸修인댄
오 기 돈 오 오 기 돈 오 하 가 점 수 수 약 점 수

何言頓悟리오 頓漸二義를 更爲宣說하사 令絶餘疑케하소서
하 언 돈 오 돈 점 이 의 갱 위 선 설 영 절 여 의

학인學人이 묻는다. "돈오頓悟와 점수漸修의 두 문門이 모든 성인의 공부길이라 말씀하셨는데, 깨달음이 단박에 깨닫는 것이라면 어찌 헛되이 점차 닦을 것이며, 닦음이 만약 점차 닦는 것이라면 어찌 단박에 깨닫는다고 하십니까? 돈오頓悟와 점수漸修의 두 가지 뜻을 다시 한 번 설하시어 나머지 의심마저 끊게 해주십시오."

答하사대 頓悟者는 凡夫迷時에 四大로 爲身하고 妄想으로
답 돈 오 자 범 부 미 시 사 대 위 신 망 상

爲心하야 不知自性이 是眞法身하며 不知自己靈知가
위 심 부 지 자 성 시 진 법 신 부 지 자 기 영 지

是眞佛也하야 心外覓佛하야 波波浪走라가 忽被善知識의
시 진 불 야 심 외 멱 불 파 파 낭 주 홀 피 선 지 식

指示入路하야 一念廻光하야 見自本性하면 而此性地는
지 시 입 로 일 념 회 광 견 자 본 성 이 차 성 지

原無煩惱하고 無漏智性이 本自具足하니 卽與諸佛로
원 무 번 뇌 무 루 지 성 본 자 구 족 즉 여 제 불

分豪不殊일새 故로 云 頓悟也요 漸修者는 雖悟本性이
분 호 불 수 고 운 돈 오 야 점 수 자 수 오 본 성

與佛無殊이니 無始習氣를 卒難頓除故로 依悟而修하야
여불무수 무시습기 졸난돈제고 의오이수

漸熏功成하나니 長養聖胎하야 久久成聖일새 故로 云
점훈공성 장양성태 구구성성 고 운

漸修也니라 比如孩子가 初生之日에 諸根具足이
점수야 비여해자 초생지일 제근구족

與他無異라 然이나 其力이 未充이라 頗經歲月하야사
여타무이 연 기력 미충 파경세월

方始成人이니라
방시성인

孩 : 어린아이 해 頗 : 자못 파

스님이 답答하였다.

"돈오頓悟란 범부가 미迷할 때엔 사대四大로써 몸을 삼고 망상妄想으로써 마음을 삼아, 스스로의 성품이 바로 참 법신法身임을 알지 못하고 자기의 영지靈知가 바로 참 부처임을 알지 못하여, 스스로의 마음을 버려 두고 밖으로 부처를 찾아 떠돌아다닌다. 홀연히 선지식善知識의 가르침을 받아 올바른 공부 길에 들어, 한 마음을 되비추어 스스로의 본성本性을 보면, 이 성품자리는 본래 번뇌가 없고, 샘漏이 없는 지혜 성품을 본래 스스로 갖추었으니, 곧 제불諸佛과 더불어 털끝만큼도 다르지 아니하다. 그러므로 돈오頓悟라 한다.

점수漸修란 비록 본성이 부처와 더불어 다르지 않음을 깨달았다 하더라도 무시無始의 습기習氣를 한꺼번에 모두 없애기 어렵기에, 깨달음에 의지해 닦아 점차로 훈습薰習하여 공을 이루는 것이니, 길이 성태聖胎를 길러 오래도록 닦아서 성인聖人이 된다. 그러므로 점수漸修라 한다. 비유하면 어린아이가 태어날 때, 육근六根은 어른과 다름없이 모두 갖추었으나 그 힘이 충분치 못하다가, 자못 세월이 가면 드디어 어른이 되는 것과 같다."

찾는 마음이 본래의 진심眞心이어늘 어찌 다시 구하고 찾으려 하는가?

問호대 作何方便하야사 一念廻起하야 便悟自性하리잇고 答하사대
문 작하방편 일념회기 변오자성 답

只汝自心이어니 更作什麽方便이리오 若作方便하야
지여자심 갱작십마방편 약작방편

更求解會인댄 比如有人이 不見自眼하고 以謂無眼이라하며
갱구해회 비여유인 불견자안 이위무안

更欲求見이니 旣是自眼이어니 如何更見이리오 若只不失하면
갱욕구견 기시자안 여하갱견 약지부실

卽爲見眼이라 更無求見之心이어니 豈有不見之想이리오
즉위견안 갱무구견지심 기유불견지상

自己靈知도 亦復如是하야 旣是自心이어니 何更求會리오
자기영지 역부여시 기시자심 하갱구회

若欲求會인댄 便會不得이니 但知不會하면 是卽見性이니라
약욕구회 변회부득 단지불회 시즉견성

什麽 : 어찌 시마 會 : 알 회

학인學人이 묻는다. "어떤 방편方便으로 공부해야 한 생각을 돌이켜 문득 자성自性을 깨달을 수 있습니까?"

스님이 답答하였다.

"다만 그대 자신의 마음일 뿐이거늘 다시 무슨 방편方便을 지으려 하는가? 만약 방편을 지어 다시 앎을 구하려 한다면, 비유컨대 어떤 사람이 자기 눈이 보이지 않는다고 눈이 없다 하면서 다시 눈을 찾으려하는 것과 같다. 본래부터 스스로 갖추고 있는 눈인데 어

찌 다시 찾으려 하는가. 눈을 잃은 것이 아님을 알면 바로 눈을 보는 것이라, 다시 눈을 구하려 찾는 마음이 없을 것이니 어찌 눈을 볼 수 없다는 생각인들 하겠는가. 자기의 영지靈知도 역시 이와 같아서, 찾는 이 마음이 이미 스스로의 마음인데, 어찌 다시 구하거나 찾으려 하는가. 만약 구하거나 찾으려 한다면 찾을 수 없으니, 단지 스스로의 마음 밖에서 찾을 수 없음을 알면 이것이 곧 견성見性이다."

某解

마음이 마음을 찾으려함이 다시 병통病痛이 아니겠는가? 더구나 마음은 바로 자기自己인데 찾는 이 마음이 이미 스스로의 마음이 아닌가? 이곳의 물음에 문득 청명晴明해 진다면 한 순간에 먹구름이 열어져서 가이없는 허공이 나타날 것이다. 구하거나 찾는 것은 병통을 깨치는 것과 같지 아니하다.

지눌知訥스님이 이른다. "다만 그대 자신의 마음일 뿐이거늘 다시 무슨 방편方便을 지으려 하는가?"

오직 공적영지空寂靈知의 마음이 진실眞實하다

問호대 上上之人은 聞卽易會어니와 中下之人은
문 상상지인 문즉이회 중하지인

不無疑惑하여 更說方便하사 令迷者로 趣入케하소서 答하사대
불무의혹 갱설방편 영미자 취입 답

道不屬知不知니라 汝除却將迷待悟之心하고 聽我言說하라
도불속지부지 여제각장미대오지심 청아언설

諸法이 如夢하고 亦如幻化라 故로 妄念이 本寂하고 塵境이
제법 여몽 역여환화 고 망념 본적 진경

本空하니 諸法皆空之處에 靈知不昧니라
본공 제법개공지처 영지불매

卽此空寂靈知之心이 是汝의 本來面目이며
즉차공적영지지심 시여 본래면목

亦是三世諸佛과 歷代祖師와 天下善知識의
역시삼세제불 역대조사 천하선지식

密密相傳底法印也라 若悟此心하면 眞所謂不踐階梯하고
밀밀상전저법인야 약오차심 진소위불천계제

徑登佛地하야 步步超三界하야 歸家頓絶疑니
경등불지 보보초삼계 귀가돈절의

便與人天爲師하야 悲智相資하야 具足二利하야
변여인천위사 비지상자 구족이리

堪受人天供養하매 日消萬兩黃金하니라 汝若如是인댄
감수인천공양 일소만량황금 여약여시

眞大丈夫라 一生能事를 已畢矣니라
진대장부 일생능사 이필의

踐: 밟을 천 梯: 사다리 제

학인學人이 묻는다. "상상인上上人은 듣고 바로 쉽게 알겠지만 중하인中下人은 의혹疑惑이 없을 수 없으니, 다시 방편을 설하시어 어

리석은 자들을 깨달음으로 나아가게 해주십시오."

스님이 답答하였다.

"도道는 알거나 모르는데 속하지 않는다. 그대는 깨달을 것이 있다고 기대하는 어리석은 생각을 버리고 내 말을 들어라. 모든 법法이 꿈과 같고 또한 허깨비[幻]와 같다. 그러므로 망념妄念이 본래 고요하고, 육진六塵경계가 본래 비었으니, 모든 법이 다 공空한 그 곳에 신령한 지혜智慧가 항상 밝다. 바로 이 공적空寂하고 신령스럽게 아는 마음이 바로 그대의 본래 모습이며, 또한 삼세제불三世諸佛과 역대 조사祖師와 천하 선지식善知識이 마음에서 마음으로 서로 전한 법인法印이다. 만약 이 마음을 깨닫는다면 참으로 이른바 단계를 밟지 않고 바로 불지佛地에 올라, 걸음마다 삼계三界를 초월超越하고 본성本性에 계합契合하여 문득 모든 의심을 끊을 것이니, 곧 인천人天의 스승이 되어 자비慈悲와 지혜智慧의 덕德으로 자리이타自利利他하기에, 인천人天의 시주施主를 받아 하루에 만금萬金을 소비하더라도 되갚지 못함이 없을 것이다. 그대가 만약 이와 같다면 참 대장부大丈夫로써 평생平生에 할 일을 마친 것이다."

某解

공적영지空寂靈知의 마음이 참마음[眞心]이다. 참마음[眞心]이 스스로 원만圓滿하므로 "도道는 알거나 모르는데 속하지 않는다."라고 하는 것이다. 망념妄念이 본래 고요하고, 육진경계六塵境界가 본래 비었으니, 모든 법法이 다 공空하다. 공空한 그 곳에 신령神靈한 지혜智慧가 항상 드밝다. 그러므로 망심妄心이 쉬어 진심眞心이 드러난 연후에 제법諸法이 본래 공空하다는 말씀을 증오證悟하는 것이다.

수심결修心訣 第16目

능히 보고 듣고 움직이는 것이 그대의 본심本心이요, 그대의 색신色身이 아니다

問호대 據吾分上컨댄 何者是空寂靈知之心耶잇가 答하사대
문 거오분상 하자시공적영지지심야 답

汝今問我者가 是汝의 空寂靈知之心이니 何不返照하고
여금문아자 시여 공적영지지심 하불반조

猶爲外覓고 我今據汝分上하야 直指本心하야
유위외멱 아금거여분상 직지본심

令汝便悟케하리니 汝須淨心하야 聽我言說하라 從朝至暮히
영여변오 여수정심 청아언설 종조지모

十二時中에 或見或聞하며 或笑或語하며 或嗔或喜하며
십이시중 혹견혹문 혹소혹어 혹진혹희

或是或非하는 種種施爲運轉이 且道하라 畢竟是誰가
혹시혹비 종종시위운전 차도 필경시수

能伊麽運轉施爲耶아 若言色身이 運傳인댄 何故로 有人이
능이마운전시위야 약언색신 운전 하고 유인

一念命終에 都未壞爛하야도 卽眼不自見하며 耳不能聞하며
일념명종 도미괴란 즉안불자견 이불능문

鼻不便香하며 舌不談論하며 身不動搖하며 手不執捉하며
비불변향 설부담론 신부동요 수부집착

足不運奔耶아 是知하되 能見聞動作은 必是汝의 本心이요
족불운분야 시지 능견문동작 필시여 본심

不是汝의 色身也로다 況此色身이 四大性空함이
불시여 색신야 황차색신 사대성공

如鏡中像하며 亦如水月하니 豈能了了常知하야
여경중상 역여수월 기능요요상지

明明不昧하야 感而遂通恒沙妙用也리오 故로 云하되
명명불매 감이수통항사묘용야 고 운

神通幷妙用이여 運水及搬柴라하니라 且入理夛端이나
신통병묘용 운수급반시 차입리다단

指汝一門하야 令汝還源케하리라
지여일문 영여환원

據: 의거할 거 都: 도무지 도 爛: 문드러질 란 捉: 잡을 착 柴: 땔나무 시

학인學人이 묻는다. "저의 분수에서는 어떤 것이 공적영지空寂靈知의 마음입니까?"

스님이 답하였다.

"그대가 지금 나에게 묻는 이것이 바로 그대의 공적영지空寂靈知의 마음인데, 어찌 돌이켜 비추어 보지 않고 오히려 밖으로 찾는가! 내가 이제 그대의 분수에 맞게 바로 본심本心을 가리켜 그대로 하여금 문득 깨닫게 할 것이니, 그대는 모름지기 마음을 깨끗이 하여 내 말을 들어라. 아침부터 저녁까지 하루 종일 혹은 보고 혹은 들으며, 혹은 웃고 혹은 말하며, 혹은 성내고 혹은 기뻐하며, 혹은 맞다 혹은 그르다하는 온갖 생각과 행위에 있어서, 말해보라! 필경에 어떤 물건이 능히 생각하고 움직이는가. 만약 색신色身이 행위 하는 자라면 어찌하여 사람이 한 생각 목숨을 마칠 때, 몸은 온전하게 그대로 있는데도 눈은 스스로 보지 못하며, 귀는 능히 듣지 못하며, 코는 냄새 맡지 못하며, 혀는 말하지 못하며, 몸은 움직이지 못하며, 손은 쥐지 못하며, 다리는 달리지 못하는가! 이렇게 알아야 한다. 능히 보고 듣고 움직이는 것은 반드시 그대의 본심本心이요, 그대의 색신色身이 아니다. 하물며 이 색신色身은 사대四大로 이루어져 그 성품의 헛됨이 마치 거울 속의 그림자 같으며, 또한 물속에 비친 달과 같으니, 어찌 능히 분명하게 항상 분별할 수 있겠으며, 밝고 밝아 어둡지 않아서 감각에 따라 무량한 묘용妙用에 통할 수

있겠는가. 그러므로 '신통묘용神通妙用이란, 물 긷고 땔감을 나르는 것이다.'라고 하였다. 또 진리眞理에 드는 방편方便은 많지만, 그대에게 한 문一門을 가리켜 그대로 하여금 근원根源으로 돌아가게 하겠다."

듣는 성품을 돌이켜 보라. 원래로 공空하지 않으며, 밝고 밝아 어둡지 아니하다

汝還聞鴉鳴鵲噪之聲麽아 曰 聞하나이다 曰
여환문아명작조지성마 왈 문 왈

汝返聞汝聞性하라 還有許多聲麽아 曰 到這裏하야는
여반문여문성 환유허다성마 왈 도저리

一切聲一切分別을 具不可得이니이다 曰 奇哉奇哉라
일체성일체분별 구불가득 왈 기재기재

此是觀音入理之門이니라 我更問你하노니 你道到這裏하야
차시관음입리지문 아갱문이 이도도저리

一切聲과 一切分別을 總不可得이라하니 既不可得인댄
일체성 일체분별 총불가득 기불가득

當伊麽時하야 莫是虛空麽아 曰 元來不空하며
당이마시 막시허공마 왈 원래불공

明明不昧니이다 曰作麽生이 是不空之體오 曰 亦無相貌라
명명불매 왈작마생 시불공지체 왈 역무상모

言之不可及이니이다
언지불가급

鴉: 갈가마귀 아 鵲: 까치 작 噪: 떠들 조 這: 이 저

"그대는 까마귀와 까치 소리를 듣느냐?"

"듣습니다."

"그대는 그대의 듣는 성품을 돌이켜 들어라. 얼마나 많은 소리가 있느냐?"

"이 성품性品 가운데서는 일체 소리와 일체 분별分別을 모두 얻을 수 없습니다."

스님이 답하였다.

"기특하고 기특하다. 이것이 바로 관음보살觀音菩薩께서 진리에 드신 문門이다. 내가 다시 그대에게 묻겠다. 그대가 이 성품性品 가운데서는 일체 소리와 일체 분별을 얻을 수 없다하니, 얻을 수 없다면 허공虛空이란 말인가?

학인學人이 답하였다.

"원래 공空하지 않으며, 밝고 밝아 어둡지 않습니다."

"어떤 것이 공空하지 않는 체體인가?"

"또한 모습이 없어 말로 할 수 없습니다."

某解

소리 없음을 듣고[聽於無聲], 모습없음을 본다.[視於無形]함은 자성自性의 체體을 가리킨 말이요, 운수運水와 반시搬柴는 자성自性의 묘용妙用을 드러낸 말이다. 지금 체體와 용用으로 이름 하였으나 체용體用이 두 물건이 아니다. 자성自性을 설명하는 말에 진공묘유眞空妙有와 공적영지空寂靈知가 간명簡明하다. 진공묘유眞空妙有란 자성自性이 진공眞空이면서 묘유妙有를 나툰다는 뜻이요, 공적영지空寂靈知란 공적空寂하면서 영지靈知를 드러낸다는 뜻이다. 고로 진공眞空과 공적空寂은 같은 뜻이요, 묘유妙有와 영지靈知는 다른 말이 아니다.

진공묘유眞空妙有와 공적영지空寂靈知의 설명을 지우더라도 그대의 자성自性은 청정광명淸淨光明하여 장덕부지藏德不止인 것이다. 이 도리道理에 의심을 품으면 도道에서 멀어지나니 반드시 통해通解할지라.

수심결修心訣 第18目

본심本心은 모습이 없는지라, 언어言語로 닿을 수 없다. 이가 바로 모든 부처님과 조사祖師의 근본이니 다시는 의심치 말라

曰 此是諸佛諸祖의 壽命이니 更莫疑也니라 旣無相貌인댄
왈 차시제불제조 수명 갱막의야 기무상모

還有大小麽아 旣無大小인댄 還有邊際麽아 無邊際故로
환유대소마 기무대소 환유변제마 무변제고

無內外하고 無內外故로 無遠近하고 無遠近故로 無彼此하고
무내외 무내외고 무원근 무원근고 무피차

無彼此則無往來하고 無往來則無生死하고
무피차즉무왕래 무왕래즉무생사

無生死則無古今하고 無古今則無迷悟하고
무생사즉무고금 무고금즉무미오

無迷悟則無凡聖하고 無凡聖則無染淨하고
무미오즉무범성 무범성즉무염정

無染淨則無是非하고 無是非則一切名言을 俱不可得이라
무염정즉무시비 무시비즉일체명언 구불가득

旣總無하야 如是一切根境과 一切妄念과 乃至種種相貌와
기총무 여시일체근경 일체망념 내지종종상모

種種名言을 俱不可得인댄 此豈非本來空寂하고
종종명언 구불가득 차기비본래공적

本來無物也리까 然이나 諸法皆空之處에 靈知不昧하야
본래무물야 연 제법개공지처 영지불매

不同無情하니 性自信解하니라 此是汝의 空寂靈知며
부동무정 성자신해 차시여 공적영지

淸淨心體며 而此淸淨空寂之心이 是三世諸佛의
청정심체 이차청정공적지심 시삼세제불

勝淨明心이시며 亦是衆生의 本源覺性이니라
승정명심 역시중생 본원각성

스님이 답하였다.

"이것이 바로 모든 부처님과 조사의 근본이니 다시는 의심치 말라. 이미 모습이 없는데 다시 대소大小가 어찌 있으랴. 이미 대소大小가 없는데 다시 변제邊際가 어찌 있으랴! 변제邊際가 없으므로 내외內外가 없고, 내외內外가 없으므로 원근遠近이 없고, 원근遠近이 없으므로 피차彼此가 없고, 피차彼此가 없으면 왕래往來가 없고, 왕래往來가 없으면 생사生死가 없고, 생사生死가 없으면 고금古今이 없다. 고금古今이 없으면 미오迷悟가 없고, 미오迷悟가 없으면 범성凡聖이 없고, 범성凡聖이 없으면 염정染淨이 없고, 염정染淨이 없으면 시비是非가 없고, 시비是非가 없으면 일체의 이름과 언설言說을 모두 얻을 수 없다. 이미 다 없어서 일체의 근원根源과 경계境界와 일체의 망념妄念, 내지 갖가지 모습과 이름을 모두 얻을 수 없다면, 이 어찌 본래 공적空寂함이 아닐 것이며, 본래 한 물건도 없음이 아니겠는가!

그러나 모든 법法이 다 공空한 자리에 영지靈知가 어둡지 않아서 무정無情과 같지 않으니, 성품이 스스로 신묘神妙하게 안다. 이것이 그대의 공적영지空寂靈知며, 청정淸淨한 심체心體이며, 이 청정淸淨하고 공적空寂한 마음이 바로 삼세三世제불諸佛의 수승殊勝한 정명심淨明心이며, 또한 이것이 중생의 본래 근원인 '깨달음의 성품覺性'이다."

某解

자성自性에는 변제邊際와 고금古今과 미오迷悟와 시비是非가 없으므로 일체의 이름과 언설言說과 사상思想이 없는 것이다. 그러므로 제법諸法이 본공本空하다. 자성自性은 오직 공적영지空寂靈知의 청정심체淸淨心體가 무구정명無垢精明할 따름이다.

수심결修心訣 第19目

⋮

**친히 그 맛을 보아 스스로의 밝은 성품性品과 계합契合하면,
이것이 바로 마음 닦는 사람의 해오처解悟處이다.**

悟此而守之者는 坐一如而不動解脫하고 迷此而背之者는
오차이수지자 좌일여이부동해탈 미차이배지자

往六趣而長劫輪廻하니라 故로 云하되 迷一心而往六趣者는
왕육취이장겁윤회 고 운 미일심이왕육취자

去也며 動也요 悟法界而復一心者는 來也며 靜也라하니라
거야 동야 오법계이부일심자 래야 정야

雖迷悟之有殊나 乃本源則一也니라 所以로 云하되 言法者는
수미오지유수 내본원즉일야 소이 운 언법자

謂衆生心이라하니 而此空寂之心이 在聖而不增하며
위중생심 이차공적지심 재성이부증

在凡而不減이라 故로 云하되 在聖智而不燿하고
재범이불감 고 운 재성지이불요

隱凡心而不昧라하니라 旣不增於聖하고 不少於凡인댄 佛祖가
은범심이불매 기불증어성 불소어범 불조

奚以異於人이리오 而所以異於人者는 能自護心念이니라
해이이어인 이소이이어인자 능자호심념

汝若信得及하야 疑情을 頓息異於人者는
여약신득급 의정 돈식이어인자

能自護心念耳니라 汝若信得及하야 疑情을 頓息하고
능자호심념이 여약신득급 의정 돈식

出丈夫之志하야 發眞正見解하며 親嘗其味하야
출장부지지 발진정견해 친상기미

自到自肯之地하면 則是爲修心人의 解悟處也라
자도자긍지지 즉시위수심인 해오처야

更無階級次第일새 故로 云 頓也니 如云於信因中에
갱무계급차제 고 운 돈야 여운어신인중

契諸佛果德하야 分毫不殊하야사 方成信也니라
계제불과덕 분호불수 방성신야

燿: 빛날 요

(―이어 말한다) "각성覺性을 깨달아 지키는 이는 지혜智慧가 한결같아 흔들림이 없어 생사生死를 벗어나고, 각성覺性을 미혹迷惑하여 등지는 자는 육도六度에 떨어져 오래도록 윤회輪廻한다. 그러므로 '참 마음을 미혹하여 육도를 떠도는 자를 거去라 하며, 동動이라 하는 것이요, 법계法界를 깨달아 참 마음을 회복한 이를 래來라하며 정靜이라 한다.'고 하였다. 비록 미오迷悟가 다르지만 본래의 근원根源은 하나이다. 그러므로 이르기를 '법法이란 중생심衆生心을 말한다.' 하였다.

이 공적空寂한 마음은 성인聖人이라 해서 더하지 않고, 범부凡夫라 해서 덜하지도 않다. 그러므로 이른다. '성인聖人의 지혜智慧라 해서 더 밝지도 않고, 가려진 범부凡夫의 마음이라 해서 어둡지도 않다.' 이미 성인이라 하여 더하지 않고 범부라 해서 모자라지 않다면, 부처와 조사祖師라 해서 어찌 범부凡夫와 다르겠는가. 범부凡夫와 다른 점은 능히 스스로의 마음을 잘 지키는 것이다.

그대가 만약 믿음을 얻어 의심하는 마음을 문득 쉬고, 장부丈夫의 뜻을 내어, 참으로 바른 견해見解를 일으키며, 친히 그 맛을 보아 스스로의 밝은 성품性品과 계합契合하면, 이것이 바로 마음 닦는 사람의 해오처解悟處이다. 다시금 계급과 점차漸次가 없으므로 돈頓이라 하는 것이니, 이른바 신인信因 가운데 제불諸佛의 과덕果德에 계합契合하여 털끝만큼이라도 다르지 않아야 바야흐로 정신正信을 이룬 것이다."

某解

진정견해眞正見解하여 그 맛에 이르름을 해오처解悟處라 한다. 이는 곧 천망지견天網知見이라, 이로부터 대착大錯이 일지 않으니 정견正見이라 하는 것이다.

해오解悟후를 이를진대, 바람은 멎어도 물결은 높고, 이치理致는 밝으나 망념妄念을 막지 못한다

問호대 旣悟此理하야 更無階級인댄 何假後修하야
문 기오차리 갱무계급 하가후수

漸熏漸成也잇까 答하사대 悟後漸修之義를 前已具說이어늘
점훈점성야 답 오후점수지의 전이구설

而復疑情을 迷釋하니 不妨重說이로소니 汝須淨心하야
이복의정 미석 불방중설 여수정심

諦聽諦聽하라 凡夫가 無始曠大劫來로 至於今日히
체청체청 범부 무시광대겁래 지어금일

流轉五道하야 生來死去에 堅執我相하야 妄想轉倒와
유전오도 생래사거 견집아상 망상전도

無明種習으로 久與成性일새 雖到今生하야
무명종습 구여성성 수도금생

頓悟自性本來空寂하야 與佛無殊나 而此舊習을
돈오자성본래공적 여불무수 이차구습

卒難除斷故로 逢逆順境에 瞋喜是非가 熾然起滅하야
졸난제단고 봉역순경 진희시비 치연기멸

客塵煩惱가 與前無異하니라 若不以般若로 加功着力이면
객진번뇌 여전무이 약불이반야 가공착력

焉能對治無明하야 得到大休大歇之地리오
언능대치무명 득도대휴대헐지지

如云頓悟雖同佛이나 夛生習氣深이라 風停波尙湧하고
여운돈오수동불 다생습기심 풍정파상용

理現念猶侵이요
이현념유침

釋: 풀 석　諦: 자세히 살필 체

학인學人이 여쭈다. "이미 이러한 이치를 깨달아 다시 계급이 없다면 어찌하여 오후悟後에 수행修行을 빌려 점차 훈습薰習하며 차차次次로 이루어 갑니까?"

스님이 답答하였다.

"깨달은 후에 점차 닦는다는 뜻을 앞에서 이미 모두 설했거늘 또 다시 의심을 풀지 못하는구나. 다시 설할 것이니 그대는 모름지기 마음을 깨끗이 하여 자세히 들으라."

스님이 이른다.

"범부가 비롯 없는 오랜 세월을 거쳐 오늘에 이르기까지 오도五道에 나고 죽고 하면서, 아상我相에 집착하여, 망상妄想으로 뒤바뀐 어리석은 온갖 버릇을 오랜 세월동안 성품性品으로 여겨 왔다. 비록 금생今生에 이르러 스스로의 성품이 본래 공적空寂하여 부처와 더불어 다름이 없음을 단박에 깨달았어도, 오래된 습習을 갑자기 끊어 없애기 어려우므로, 싫어하고 좋아하는 경계를 만나면 성내고 기뻐함과 시비是非와 분별分別이 불붙듯 일어나고 사라지나니, 객진客塵의 번뇌煩惱가 깨닫기 전과 다름이 없다. 만약 지혜智慧로써 공功을 더하고 힘을 보태지 않으면 어찌 능히 무명無明을 다스려, 크게 쉬고 쉰 경지境地에 이르겠는가! 그러므로 '문득 깨달아 성품이 비록 부처와 같다하나 다생多生의 습기習氣가 깊어, 바람은 멎어도 물결은 오히려 솟고, 이치는 밝으나 망념妄念은 오히려 침범한다.' 고 하였다."

某解

돈오頓悟 후라도 객진번뇌客塵煩惱는 깨닫기 전과 다르지 아니하다. 그러므로 육조六祖께서 "진심眞心을 지키는 것이 시방의 부처를 섬기는 것보다 나으니라." 하였다. 돈오頓悟 이후에 참다이 참선參禪하여 삼독三毒을 함이 없이 쉴 줄 알게 되는 것이다. 이른바 무수지수無修之修이다.

수심결修心訣 第21目

⋮

오후午後의 수행修行이라, 무념無念으로 종宗을 삼는다. 깨달은 뒤에도 모름지기 오랫동안 비추어 살펴, 망념妄念이 홀연히 일어나면 도무지 따르지 말고, 버리고 또 버려서 함이 없음無爲에 이르러야 바야흐로 비로소 구경究竟인 것이다

又杲禪師云하사대 往往利根之輩가 不費多力하고
우고선사운 왕왕이근지배 불비다력

打發此事하면 便生容易之心하야 更不修治라가
타발차사 변생용이지심 갱불수치

日久月深하며 依前流浪하야 未免輪廻라하시니
일구월심 의전유랑 미면윤회

則豈可以一期所悟로 便撥置後修耶아 故로 悟後에
즉기가이일기소오 변발치후수야 고 오후

長須照察하야 妄念이 忽起어든 都不隨之하고 損之又損하야
장수조찰 망념 홀기 도불수지 손지우손

以至無爲하야사 方始究竟이니 天下善知識의 悟後牧牛行이
이지무위 방시구경 천하선지식 오후목우행

是也니라 雖有後修나 已先頓悟하여 妄念이 本空하고 心性이
시야 수유후수 이선돈오 망념 본공 심성

本淨하야 於惡에 斷호대 斷而無斷이요 於善에 修호대
본정 어악 단 단이무단 어선 수

修而無修라 此乃眞修眞斷矣니라 故로 云하사되
수이무수 차내진수진단의 고 운

雖備修萬行이나 唯以無念으로 爲宗이라하시니라
수비수만행 유이무념 위종

撥: 없앨 발 置: 버려둘 치

(―이어 말한다) 또한 대혜종고大慧宗杲선사가 이른다.

“간혹 영리한 무리들이 별로 힘들이지 않고 중생과 부처가 다르

지 않음을 알게 되면 공부工夫를 쉽게 생각하여, 습習을 다스리지 않고 세월만 보내며 공부하기 전과 다름없이 휩쓸려 다니다가 결국 윤회輪回를 면치 못한다"

어찌 한 때의 깨달음에 자만하여 깨달은 이후의 수행修行을 팽개치겠는가? 그러므로 깨달은 뒤에도 모름지기 오랫동안 비추어 살펴, 망념妄念이 홀연히 일어나면 도무지 따르지 말고, 버리고 또 버려서[損之又損] 함이 없음에 이르러야[至於無爲] 바야흐로 비로소 구경究竟이니, 천하 선지식善知識의 깨달은 후의 목우행牧牛行이 이것이다. 비록 오후悟後의 수행修行이 있으나 이미 망념妄念이 본래 공空하고 심성心性이 본래 깨끗함을 문득 깨달았으므로, 악惡을 끊되, 끊어도 끊음이 없고, 선善을 닦되, 닦아도 닦음이 없으니, 이것이 참으로 닦음이요 참으로 끊음이다. 그러므로 이른다. '비록 만 가지 행을 갖추어 닦는다하더라도 오로지 무념無念으로 종宗을 삼는다.'

某解

육조六祖스님이 "무념無念으로 종宗을 삼고, 무상無相으로 체體를 삼으며, 무주無住로써 본本을 삼는다." 함이 언교言敎의 정正이다. 망상심妄想心 없음이 무념無念이요, 진심眞心이 해맑게 드러나야 무상無相을 체증體證한 것이며, 망상심妄想心에 머무름이 없어야 무수無修의 수修에 나아간 것이다. 오悟와 오후悟後의 수행修行이 여기에 갖추어 있는 것이다. 무수無修의 수修는 선善과 악惡 밖의 일이라, 범부의 사량思量으로 헤아릴 수 있는 것이 아니다.

어리석은 수행修行은 오래 앉아 몸과 마음을, 마치 돌로 풀을 누르듯이 하는 것이다

圭峰이 總判先悟後修之義云하사대 頓悟此性이 元無煩惱하고 無漏之性을 本自具足하야 與佛無殊인달하야 依此而修者는 是名最上乘禪이며 亦名如來淸淨禪也라 若能念念修習하면 自然漸得百千三昧하리니 達摩門下에 展轉相傳者가 是此禪也라하시니 則頓悟漸修之義가 如車二輪하야 闕一不可하니라 或者는 不知善惡性空하야 堅坐不動하고 捺伏身心을 如石壓草하야 以爲修心하나니 是大惑矣니라 故로 云하되 聲聞은 心心斷惑하나 能斷之心이 是賊이라

(규봉 총판선오후수지의운 돈오차성 원무번뇌 무루지성 본자구족 여불무수 의차이수자 시명최상승선 역명여래청정선야 약능념념수습 자연점득백천삼매 달마문하 전전상전자 시차선야 즉돈오점수지의 여거이륜 궐일불가 혹자 부지선악성공 견좌부동 날복신심 여석압초 이위수심 시대혹의 고 운 성문 심심단혹 능단지심 시적)

闕: 없앨 궐 捺: 누를 날

(–이어 말한다) 규봉圭峰선사가 선오후수先悟後修의 뜻을 총판總判하여 이른다. "이 성품이 원래 번뇌煩惱가 없고 샘이 없는 지혜 성품을 본래 스스로 모두 갖추어 부처와 더불어 다름이 없음을 단박 깨닫고, 이에 의지하여 닦는 것을 바로 최상승선最上乘禪 또는 여래청정선如來淸淨禪이라 이름 한다. 만약 능히 생각마다 습習을 닦으

면 저절로 백천삼매百千三昧를 차례로 얻을 것이니, 달마達磨문하에서 펴고 서로 전한 것이 바로 이 선禪이다." 즉 돈오頓悟와 점수漸修는 수레의 두 바퀴와 같아서 하나라도 빠져서는 아니 된다. 어떤 사람은 선악善惡의 성품이 공空함을 알지 못하여, 오래도록 앉아 움직이지 않고, 몸과 마음을 억압하여 굴복시킴을 마치 돌로 풀을 누르듯이 하는 것으로 수심修心을 삼는데, 이는 크게 어리석은 일이다. 그러므로 이른다. "성문聲聞은 생각마다 미혹迷惑을 끊으려 하지만, 끊으려 하는 마음이 바로 도적盜賊이다"

▮ 某解

불법공부佛法工夫의 요체는 무심無心을 배워 통해하고 나아가 깨치는데 있다. 무심無心의 뜻을 통해通解하지 못하면 간경看經하고 좌선坐禪하여도 범부의 견해가 떠나지 않는 것이다. 유위有爲의 범견凡見으로써 경經과 논論을 해석함에 무슨 이익이 있을 것인가? 무심無心이란 '마음이 없다'는 말이니 곧 망상심妄想心이 없다는 뜻이다. 망상심妄想心이란 모든 범부가 거처하는 중병처重病處이다. 범부가 중병重病에 든 줄 알지 못하고, 여러 갈래 길에서 허둥대며 망념妄念따라 고집하여 갖은 고초苦楚를 겪기에, 불보살이 무심無心을 설하고, 무심노정無心路程을 가르치며, 본원本源에 돌아가는 지름길을 보이는 것이다. 그러나 대개의 범부는 무명無明의 업식業識이 두터워 무심無心의 설법說法을 듣고도 요해了解하지 못하므로 부득이 여러 가지 공부문工夫門을 두어 천천辿辿히 수용하고 이끄는 것이다. 무심無心을 통해通解함을 해오解悟라 하고, 무심無心을 증오證悟함을 돈오頓悟라 한다. 돈오頓悟 연후에 돈오점수頓悟漸修의 뜻을 깊이 볼 수 있는 것이다.

생각이 일어날 때 깨어라. 깨달은 즉 없느니라

但諦觀殺盜淫妄이 從性而起하면 起卽無起라
단체관살도음망 종성이기 기즉무기

當處便寂이니 何須更斷이리오 所以로 云하되 不怕念起하고
당처변적 하수갱단 소이 운 불파염기

唯恐覺遲하니라 又云하되 念起卽覺하라 覺之卽無라하니라 故로
유공각지 우운 염기즉각 각지즉무 고

悟人分上에 雖有客塵煩惱나 俱成醍醐니 但照惑無本하면
오인분상 수유객진번뇌 구성제호 단조혹무본

空華三界가 如風卷煙하고 幻化六塵이 如湯消氷하니라
공화삼계 여풍권연 환화육진 여탕소빙

怕: 두려워할 파

(–이어 말한다) 단지 살도음망殺盜淫妄의 생각이 성품에서 일어남을 자세히 관觀하면 일어나도 일어남이 없어서 당처가 고요하니, 어찌 다시 끊을 것이 있겠는가. 따라서 이르되 '생각 일어남을 두려워 말고, 다만 늦게 알까 두려워하라'고 하였다. 또 이르되 "생각이 일어날 때 깨달아라. 깨달은 즉 없느니라.[念起卽覺 覺之卽無]"라고 하였다. 그러므로 깨달은 사람에게는 비록 객진번뇌客塵煩惱가 있다하나 모두 제호醍醐가 되니, 단지 망념妄念에 뿌리가 없음을 밝게 알면, 헛된 삼계三界가 마치 바람에 날리는 연기와 같고, 허깨비 육진六塵이 마치 끓는 물속의 녹는 얼음과 같다.

■ 某解

밖으로 세상을 잊고, 안으로 정념이 고요한 연후에 생각을 두려워 말고, 생각이 일어날 때 깨쳐야 하는 것이다.

선정禪定과 지혜智慧를 고루 닦으면, 죄업이 절로 없어지고, 수행의 공이 절로 증진한다

若能如是念念修習하되 不忘照顧하고 定慧等持하면
약능여시념념수습 불망조고 정혜등지

則愛惡가 自然淡薄하고 悲智가 自然增明하며 辜業이
즉애오 자연담박 비지 자연증명 고업

自然斷除하고 功行이 自然增進하야 煩惱盡時에
자연단제 공행 자연증진 번뇌진시

生死卽絕이라 若微細流注가 永斷하고 圓覺大智가
생사즉절 약미세류주 영단 원각대지

朗然獨存하면 卽現千百億化身하야 於十方國中에
낭연독존 즉현천백억화신 어십방국중

赴感應機호미 似月現九霄에 影分萬水하야 應用無窮하며
부감응기 사월현구소 영분만수 응용무궁

度有緣衆生하고 快樂無憂하리니 名之爲大覺世尊이니라
도유연중생 쾌락무우 명지위대각세존

辜 : 허물 고 赴 : 나아갈 부

(―이어 말한다) 만약 이와 같이 능히 생각 생각에 습習을 닦되, 돌이켜 비춤을 잊지 않고, 선정禪定과 지혜智慧를 고루 닦으면, 곧 좋아하고 싫어하는 마음이 절로 엷어지고, 자비심과 지혜가 절로 더하고 밝아지며, 죄업罪業이 절로 끊겨 없어지고, 수행修行의 공이 절로 증진하여, 번뇌煩惱가 다할 때에 곧 생사生死가 끊어지는 것이다. 만약 미세번뇌微細煩惱마저 아주 끊어지고, 원각대지圓覺大智가 홀로 우뚝 밝으면, 곧 천백억 화신化身으로 시방十方세계에 나아가 기틀에 따라 응함이 마치 하늘에 달이 나타남에 일만 강에 그 그림

자를 나투는 것처럼 응용이 끝이 없으며, 인연 있는 중생을 제도하고, 쾌락하여 근심이 없으니, 이름하야 대각세존大覺世尊이라 한다

수심결修心訣 第25目

마음은 다만 공적空寂과 영지靈知 두 마디이다

問호대 後修門中에 定慧等持之義를 實未明了로소니
문 후수문중 정혜등지지의 실미명료

更爲宣說하사 委示開迷하사 引入解脫之門하소서 答하사대
갱위선설 위시개미 인입해탈지문 답

若說法義인댄 入理千門이 莫非定慧이나 取其綱要컨댄
약설법의 입리천문 막비정혜 취기강요

則但自性上에 體用二義니 前所謂空寂靈知가 是也라
즉단자성상 체용이의 전소위공적영지 시야

定是體요 慧是用也니라 卽體之用故로 慧不離定하고
정시체 혜시용야 즉체지용고 혜불리정

卽用之體故로 定不離慧니라 定則慧故로 寂而常知하고
즉용지체고 정불리혜 정즉혜고 적이상지

慧則定故로 知而常寂이니라
혜즉정고 지이상적

학인이 여쭌다. "선오후수문先悟後修門에 선정禪定과 지혜智慧를 고루 닦는다는 뜻을 분명히 알지 못하니, 다시 자세히 설하시어 저의 미혹迷惑을 열어 해탈문解脫門에 들게 해 주십시오."

스님이 답答하였다.

"법의法義를 말하자면 진리에 들어가는 천 가지 문이 모두 정혜定慧아님이 없으나, 그 요점을 든다면 다만 자성自性의 체용體用 두 마디이니, 앞에서 말한 공적空寂과 영지靈知가 이것이다. 정定이 곧 체體요, 혜慧가 곧 용用이다. 체에 즉한 용이므로 혜가 정을 여의지 않고, 용에 즉한 체이므로 정이 혜를 여의지 않는다. 정定이 곧 혜

慧이므로 고요하면서 항상 깨어있고, 혜慧가 곧 정定이므로 깨어 있으면서 항상 고요하다.”

수심결修心訣 第26目

차遮와 조照가 둘이 아니다.
돈문頓門의 수행자가 정혜定慧를 쌍双으로 닦는 것이다

如曹溪云하사대 心地無難이 自性定이요 心地無癡가
여조계운 심지무난 자성정 심지무치

自性慧라하시니라 若悟如是하야 任運寂知하야 遮照無二하면
자성혜 약오여시 임운적지 차조무이

則是爲頓門 箇者의 雙修定慧야니라 若言先以寂寂으로
즉시위돈문 개자 쌍수정혜 약언선이적적

治於緣慮하고 後以惺惺으로 治於昏住라하야 先後對治하야
치어연려 후이성성 치어혼주 선후대치

均調昏亂하나니 以入於靜者는 是謂漸門劣機의 所行也라
균조혼란 이입어정자 시위점문열기 소행야

雖云惺寂等持나 未免取靜爲行이니 則其爲了事人은
수운성적등지 미면취정위행 즉기위요사인

不離本寂本知니 任運雙修者也리오
불리본적본지 임운쌍수자야

(一이어 말한다) 육조六祖 혜능慧能스님께서 말씀하였다. "마음에 어지러움 없음이 자성自性의 정定이요, 마음이 어리석지 않음이 자성自性의 혜慧이다." 깨달음이 이와 같다면, 경계에 자재하며 고요히 깨어 차遮와 조照가 둘이 아니니, 바로 이것이 돈문頓門의 수행자가 정혜定慧를 쌍双으로 닦는 것이다. 만약 먼저 적적寂寂으로 망념妄念을 다스린 뒤에 성성惺惺으로 혼침昏沈을 다스린다 하면서, 적적寂寂공부와 성성惺惺공부에 선후先後를 두어 따로 다스리고, 망념妄念을 진정鎭靜시킴으로써 깨달음에 들려고 하는 것은 점문漸門의 하열한 근기가 행하는 것이다.

비록 성적惺寂을 같이 닦는다고 하지만 정靜하려는 생각에 사로잡힌 수행을 면치 못하는 것이니, 어찌 본래 공적空寂과 본래 영지靈知를 떠나서, 경계에 자재하며 정혜定慧를 쌍雙으로 닦아 요사인了事人이 되겠는가?

某解

자성自性에 어지러운 정념情念이 일지 않는 것이 선정禪定이요, 자성自性이 정념情念에 속지 않음을 지혜智慧라 한다. 그러나 선정禪定과 지혜智慧는 하나의 두 이름일 뿐, 다른 물건이 아니다. 선지식善知識이 자성自性을 설함에 부득이 선정禪定과 지혜智慧로 나누어 설명하는 것이다. 범부가 공부를 지음에는 반드시 어지러움를 먼저 다스린 연후에 정습情習을 쉬어서 자성自性에 계합契合하는 까닭이다.

그러나 자성自性은 본래로 해맑아 선정禪定이란 말이 닿지 아니하며, 자성自性의 당체가 청정대광명淸淨大光明이라 지혜智慧라는 설명도 군더더기라 할 것이다. 자성은 본래 청정각체淸淨覺體라, 범부가 각覺을 구해 각覺을 이루나, 필경에 그 각覺함을 쉬어 지우는 것은 각覺을 이룬 뒤의 경계이다.

그러므로 성적등지문惺寂等持門은 성惺과 적寂의 천연지天然知로써 비추나니, 차遮와 조照가 둘이 아니다. 천연지天然知가 바로 자성自性의 무용無用의 대용大用인 공적영지空寂靈知이다.

수심결修心訣 第27目

깨친 이의 수행은 다툼이 없다. 흡사 빈 배가 물결따라 오르내리듯 하나니, 생각 생각에 앎이 없다

故로 曹溪云하사대 自悟修行은 不在於諍이니 若諍先後하면
고 조계운 자오수행 부재어쟁 약쟁선후

卽是迷人이라하시니라 則達人分上에 定慧等持之義는
즉시미인 즉달인분상 정혜등지지의

不落功用하고 元自無爲하야 更無特地時節이라
불낙공용 원자무위 갱무특지시절

見色聞聲時에도 但伊麽하고 若衣喫飯時에도 但伊麽하고
견색문성시 단이마 약의끽반시 단이마

屙屎送尿時에도 但伊麽하고 對人接話時에도 但伊麽하며
아시송뇨시 단이마 대인접화시 단이마

乃至行走坐臥와 或語或默과 或喜或怒하는 一切時中에
내지행주좌와 혹어혹묵 혹희혹노 일체시중

一一如是하야 似虛舟駕浪에 隨高隨下하고 如流水轉山에
일일여시 사허주가랑 수고수하 여류수전산

遇曲遇直하야 而心心無知요
우곡우직 이심심무지

屙 : 뒷간 갈 아　駕 : 탈 가

그러므로 혜능스님께서 말씀하시되 "스스로 깨달아 수행함에는 다툼이 있지 않으니, 만약 선후先後를 다툰다면 곧 미혹한 사람이다"라고 하였다. 즉 깨달은 사람이 정혜定慧를 함께 닦음에는 그 공용에 집착하지 않고 원래 스스로 함이 없어 다시 특별한 장소나 때를 가리지 않는다. 보고 들을 때도 다만 이러하고, 옷 입고 밥 먹을 때도 다만 이러하고, 대소변 볼 때도 다만 이러하고, 사람을 만나

대화할 때도 다만 이러하고, 내지는 행주좌와行走坐臥할 때와 말하거나 침묵할 때, 기뻐하거나 화를 내는 일체 시時에도 낱낱이 이와 같아서, 흡사 빈 배가 물결 따라 오르내리듯 하고, 마치 흐르는 물이 산을 만나 돌아가거나 곧게 흐름에 맡기나니, 생각 생각에 앎이 없다.

수심결修心訣 第28目

무심에 계합하면 능소能所가 끊어져 한 생각에 정情이 없나니, 어찌 인연을 잊으려 하겠는가?

今日騰騰任運하고 明日任運騰騰하야 隨順衆緣호대
금 일 등 등 임 운 명 일 임 운 등 등 수 순 중 연

無障無碍하며 於善於惡에 不斷不修하야 質直無僞하야
무 장 무 애 어 선 어 악 부 단 불 수 질 직 무 위

視聽이 尋常이라 則絶一塵而作對이니 不假忘緣之力이어니와
시 청 심 상 즉 절 일 진 이 작 대 불 가 망 연 지 력

然이나 障濃習重하고 觀劣心浮하며 無明之力은 大하나
연 장 농 습 중 관 열 심 부 무 명 지 력 대

般若之力은 小하야 於善惡境界에 未免被動靜互換하고
반 야 지 력 소 어 선 악 경 계 미 면 피 동 정 호 환

心不恬淡者는 不無忘緣遣蕩工夫矣니라
심 불 념 담 자 불 무 망 연 견 탕 공 부 의

遣 : 놓아줄 견　蕩 : 쓸어버릴 탕　假 : 빌릴 가

오늘도 무심無心으로 인연因緣을 따르고, 내일도 인연에 무심無心하여, 온갖 인연因緣을 따르되 막히거나 걸림이 없으며, 선善과 악惡을 끊으려 하지 않고 닦으려 하지도 않으며, 솔직하고 거짓이 없어 보고 들음에 늘 무심無心하다. 곧 한 생각에 능소能所가 끊어졌으니 어찌 수고로이 생각을 쓸어 없애려고 애쓸 것이며, 한 생각에 정情이 없으니 어찌 인연因緣을 잊으려고 노력하겠는가? 그러나 업장業障이 두텁고 버릇이 무거우며, 소견所見이 용렬하고 마음은 들뜨며, 어리석은 집착執着은 강한데 지혜智慧의 힘은 작아서 선악의 경계를 만나면 동정이 서로 뒤바뀜을 면하기 어렵고, 마음이 담담

淡淡하지 못한 사람은 반연攀緣을 잊고 쉬는 공부를 하지 않으면 아니 된다.

생각 생각이 무념無念에 돌아가면, 연緣을 만나 매 마음이 도道에 절로 합하는 것이다

如云하되 六根이 攝境하야 心不隨緣을 謂之定이요
여운 육근 섭경 심불수연 위지정

心境俱空하야 照鑑無惑을 謂之慧라하니라
심경구공 조감무혹 위지혜

此雖隨相門定慧라 漸門劣機의 所行也나 對治門中에
차수수상문정혜 점문열기 소행야 대치문중

不可無也니 若悼擧熾誠커든 則先以定門으로 稱理攝散하야
불가무야 약도거치성 즉선이정문 칭리섭산

心不隨緣하야 契乎本寂하고 若昏沈이 尤夛어든
심불수연 계호본적 약혼침 우다

則次以慧門으로 擇法觀空하야 照鑑無惑하야 契乎本知니라
즉차이혜문 택법관공 조감무혹 계호본지

以定으로 治乎亂想하고 以慧로 治乎無記하야 動靜相이 亡하면
이정 치호난상 이혜 치호무기 동정상 망

對治功이 終하나니 則對境而念念歸宗하고
대치공 종 즉대경이념념귀종

遇然而心心契道하나니라 任運雙修하면 方爲無事人이니
우연이심심계도 임운쌍수 방위무사인

若如是면 則眞可爲하되 定慧等持하야 明見佛性者也니라
약여시 즉진가위 정혜등지 명견불성자야

掉 : 흔들 도 熾 : 성할 치

이른바 "육근六根이 경계를 대함에 마음이 연緣을 따르지 아니함을 정定이라 하고, 마음과 경계가 다 공空하여 미혹迷惑이 본래 없음을 비추어 봄을 혜慧라 한다."고 하였다. 이것이 비록 상문相門의 정혜定慧를 따르는 공부로써 점문漸門의 하열下劣한 근기의 수행이

지만, 근기에 맞추어 다스리는 방편으로써 버릴 수 없다. 만일 정념情念이 요동하여 치성熾盛하면 먼저 정문定門으로 이치에 따라 산란散亂을 거두어 마음이 연緣을 따르지 않으면 본적本寂에 계합契合하고, 만약 혼침昏沈이 아주 많으면 지혜智慧로써 법을 삼아 공관空觀하여 미혹迷惑이 본래 없음을 비추어 본지本知에 계합契合한다. 정定으로써 어지러운 생각을 다스리고, 혜慧로써 무기無記를 다스려, 동정動靜하는 모습에 끌려가지 않으면 경계境界에 따라 다스리는 공부가 다할 것이니, 곧 경계境界를 대할 때마다 생각 생각이 무념無念으로 돌아가고, 연緣을 만남에 마음 마음이 도道에 계합한다. 경계境界에 자재自在하여 정혜定慧를 쌍으로 닦는다면 바야흐로 무사인無事人이니, 만약 이와 같다면 진실로 정혜定慧를 고루 닦아 불성佛性을 밝게 본 사람이라 할 수 있다.

某解

초학인初學人은 먼저 공리空理를 배워 공관空觀으로써 간경묵좌看經默坐하여야 한다. 힘써 노력하면 절로 밝아져 무심無心에 계합契合하는 때가 있을 것이다.

공부는 장원심長遠心을 지니되, 뒤로 물러남이 없는 힘이 서야 필경畢竟에 자기自己의 본래면목本來面目을 만나게 되는 것이다. 이때의 만남을 만남 아닌 만남이라 해 두자.

그러나 마음이 담담淡淡하지 못한 사람은 반연攀緣을 잊고 쉬는 공부를 하지 않으면 아니 된다.

자성自性을 밝히면 문득 마음과 경계가 없다.

問호대 據汝所判컨댄 悟後修門中에 定慧等持之義가
문 거여소판 오후수문중 정혜등지지의

有二種하니 一은 自性之定慧요 二는 隨相之定慧오 曰
유이종 일 자성지정혜 이 수상지정혜 왈

自性門則任運寂知하야 元自無爲하야 絶一塵而作對어니
자성문즉임운적지 원자무위 절일진이작대

何勞遣蕩之功이며 無一念而生情이라
하로견탕지공 무일념이생정

不假忘緣之力이라하야 判云호대 此是頓門箇者의
불가망연지력 판운 차시돈문개자

不離自性하고 定慧等持也요 定慧요 二는 隨相定慧라
불리자성 정혜등지야 정혜 이 수상정혜

隨相門則曰 稱理攝散하며 擇法觀空하야 均調昏亂하야
수상문즉왈 칭리섭산 택법관공 균조혼란

以入無爲라하시고 判云하사대 此是漸門劣機의 所行也라
이입무위 판운 차시점문열기 소행야

是故 判云하사대 此是漸門劣機의 所行也라
시고 판운 차시점문열기 소행야

학인이 묻는다. "말씀하신 바에 의거해 판단컨대, 선오후수문先悟後修門 중에도 정혜定慧를 고루 닦는 뜻이 두 가지가 있으니, 하나는 자성自性의 정혜定慧요, 또 하나는 상相에 따른 정혜定慧입니다."

스님이 이른다. "자성문自性門은 곧 생각마다 고요하고 밝아 원래 스스로 함이 없어, 경계를 대함에 상대적인 생각이 본래로 끊어졌으니 어찌 수고로이 쓸어 없애려 할 것이며, 한 생각도 정념情念을 일으키지 않으니 연緣을 잊으려 헛되이 애쓸 것이 없다. 이는 돈문頓門의 뛰어난 근기가 자성自性을 여의지 않고 정혜定慧를 고루 닦는 것이다"

또 이른다. "수상문隨相門은 곧 이치를 밝혀 산란을 거두어 잡고, 이 법에 의지해 일체의 명상名相이 본래 공空함을 관하여 혼침昏沈과 산란散亂을 고루어 무위無爲에 든다. 이는 점문漸門의 하열下劣한 근기根機가 하는 공부이다."

某解

지눌知訥스님이 이문二門을 두어 자성정혜문自性定慧門과 수상정혜문隨相定慧門을 설한다. 자성정혜문自性定慧門은 개오開悟 후의 공부라, 생각마다 고요하고 밝아 원래 스스로 함이 없어, 경계를 대함에 상대적인 생각이 본래로 끊어졌으니 곧 무수지수無修之修의 공부지음이요, 수상정혜문隨相定慧門은 해오측지解悟測知의 공부라, 궁리窮理로써 수습收拾하여 공관空觀으로 닦는 공부이니 유수지수有修之修의 공부지음이다. 다시 말해 자성정혜문自性定慧門은 돈오頓悟 후의 성성무위惺惺無爲를 닦음이요, 수상정혜문隨相定慧門은 측지測知로써 무위無爲를 향함이니 유위有爲의 수상隨相으로 닦음을 삼는 것이다. 황벽스님에 의하면 수만의 수행자 가운데 오륙 인이 자성정혜문自性定慧門에 거닌다고 한다. 그 나머지는 모두가 수상정혜문隨相定慧門에 거처하는 것이다.

수심결修心訣 第31目

돈문頓門의 닦을 바 없이 닦는 공부로써 마음과 경계를 함께 여의나니, 스스로 자성自性을 닦아 스스로 불도佛道를 이루는 사람이다.

就此兩門定慧하야 不無疑焉호니 若言一人所行也인댄
취 차 양 문 정 혜 불 무 의 언 약 언 일 인 소 행 야

爲復先依自性門하야 定慧雙修然後에
위 부 선 의 자 성 문 정 혜 쌍 수 연 후

更用隨相門對治之功耶아 爲復先依隨相門하야
갱 용 수 상 문 대 치 지 공 야 위 부 선 의 수 상 문

均調昏亂然後에 以入自性門耶아 若先依自性定慧하면
균 조 혼 란 연 후 이 입 자 성 문 야 약 선 의 자 성 정 혜

則任運寂知하니 更無對治之功이라
즉 임 운 적 지 갱 무 대 치 지 공

何須更取隨相門定慧耶리오 如將皓玉하야 彫文喪德이요
하 수 갱 취 수 상 문 정 혜 야 여 장 호 옥 조 문 상 덕

若先以隨相門定慧로 對治功成然後에 趣於自性門하면
약 선 이 수 상 문 정 혜 대 치 공 성 연 후 취 어 자 성 문

則宛是漸門中劣機의 悟前漸熏也니 豈云頓門箇者의
즉 완 시 점 문 중 열 기 오 전 점 훈 야 기 운 돈 문 개 자

先悟後修하야 用無功之功也리오 若一時無前後라면
선 오 후 수 용 무 공 지 공 야 약 일 시 무 전 후

則二門定慧가 頓漸이 有異하니 如何一時並行也리오
즉 이 문 정 혜 돈 점 유 이 여 하 일 시 병 행 야

則頓門箇者는 依自性門하야 任運亡功하고 漸門劣機는
즉 돈 문 개 자 의 자 성 문 임 운 망 공 점 문 열 기

趣隨相門하야 對治勞功이니 二門之機의 頓漸이 不同하고
취 수 상 문 대 치 노 공 이 문 지 기 돈 점 부 동

優劣이 皎然이어늘 云何先悟後修門中에 並釋二種耶아
우 열 교 연 운 하 선 오 후 수 문 중 병 석 이 종 야

請爲通會하사 令絶疑情케하소서
청 위 통 회 영 절 의 정

皓 : 흴 호 皎 : 밝을 교

학인學人이 또 묻는다. "이 두 문門의 정혜定慧에 대하여 의심이 없지 않습니다. 만약 어떤 이가 수행修行한다고 할 때 먼저 자성문自性門에 의지해 정혜定慧를 함께 닦은 후에 다시 수상문隨相門의 근기根機에 따른 점수漸修의 방편을 써야합니까? 아니면 먼저 수상문隨相門에 의지해 혼침과 산란을 고른 연후에 자성문自性門의 공부에 들어가야 합니까? 만약 먼저 자성自性의 정혜定慧에 의지하여 수행한다면, 마음 가는대로 고요히 비추어 알아서, 다시 근기根機에 따른 점차漸次의 공부가 필요하지 않을 것이니, 어찌 또 수상문隨相門의 정혜定慧를 취할 까닭이 있겠습니까? 이는 깨끗한 옥에 무늬를 새겨 오히려 그 옥을 상하게 하는 것과 같습니다. 만약 먼저 수상문隨相門의 정혜定慧로 다스려 공을 이룬 연후에 자성문自性門에 나아가는 것이라면, 이는 점수문漸修門의 둔한 근기가 깨닫기 전에 점차漸次로 닦아 익히는 것이니, 어찌 돈문頓門의 뛰어난 근기根機가 닦을 바 없이 닦는 선오후수先悟後修라 하겠습니까? 만약 일시에 닦아서 전후前後가 없는 것이라면, 두 문門의 정혜定慧가 돈점頓漸이 다른데 어찌 일시에 한꺼번에 닦을 수 있겠습니까? 곧 돈문頓門의 뛰어난 근기根機는 자성문自性門에 의지하여 자재한 마음으로 닦을 바 없이 닦고, 점문頓門의 둔한 근기根機는 수상문隨相門에 나아가 혼침昏沈과 산란散亂을 수고롭게 다스리니, 두 문門의 공부에 돈점頓漸이 같지 않고 우열優劣이 확연한데, 어찌 선오후수문先悟後修門에

다 또다시 두 가지를 더하여 설하십니까? 청컨대 통회通會하여 의심을 끊게 해주십시오."

答하사대 所釋이 皎然이어늘 汝自生疑로다 隨言生解하면
답 소석 교연 여자생의 수언생해

轉生疑惑이요 得意忘若就兩門하야 各判所行하면
전생의혹 득의망약취양문 각판소행

則修自性定慧者는 此是頓門에 用無功之功하야
즉수자성정혜자 차시돈문 용무공지공

竝運雙寂하나니 自修自性하야 自成佛道者也요 言하면
병운쌍적 자수자성 자성불도자야 언

不勞致詰이니라 修隨相門定慧者는
불노치힐 수수상문정혜자

此是未悟前漸門劣機라 用對治之功하야 心心斷惑하야
차시미오전점문열기 용대치지공 심심단혹

取靜爲行者이니 而此二門所行에 頓漸이 各異하니
취정위행자 이차이문소행 돈점 각리

不伽叅亂也이니라 然이나 悟後修門中에
불가참란야 연 오후수문중

兼論隨相門中對治者는 非全取漸機所行也라
겸론수상문중대치자 비전취점기소행야

取其方便하야 假道託宿而已니라 何故오 於此頓門에도
취기방편 가도탁숙이이 하고 어차돈문

亦有機勝者하며 亦有機劣者하야 不可一例로
역유기승자 역유기열자 불가일례

判其行李也니라
판기행리야

李 : 다스릴 리

스님이 답答하였다.

"명백하게 설했으나 그대가 스스로 의심을 내는구나. 말을 좇아 이해하려 하면 도리어 의혹이 생기고, 뜻을 얻고 말을 잊는다면 수

고로이 따질 것이 없다. 두 문門의 공부를 각기 말하자면, 곧 자성自性의 정혜定慧를 닦는 이는 바로 돈문頓門의 닦을 바 없이 닦는 공부로써 마음과 경계를 함께 여의나니, 스스로 자성自性을 닦아 스스로 불도佛道를 이루는 사람이다. 수상문隨相門의 정혜定慧를 닦는 이는 깨닫기 전의 점차로 닦는 둔한 근기로써 혼침과 산란을 다스림에 생각생각 미혹迷惑을 끊고 고요함을 취하여 수행으로 삼는 이이니, 이 두 문의 수행에 돈점頓漸이 각기 다르므로 혼동해서는 안 된다. 그러나 오후수행문悟後修行門 가운데에 겸하여 수상문隨相門의 대치법對治法을 말한 것은 점차로 닦는 둔근鈍根의 수행법만을 취하려는 것이 아니고, 방편으로 그 방법을 빌려 의탁한 것일 뿐이다. 왜냐하면 이 돈문頓門에도 또한 근기根機가 뛰어난 이가 있고 둔鈍한 이도 있어서, 한 가지만으로는 그 사람에게 맞는 수행법修行法을 정할 수 없기 때문이다."

某解

대저 수행자 가운데 스스로 자기의 근기根機를 높게 여기는 무리가 있다. 스스로를 높게 여기기에 불법佛法의 요체要諦를 통해通解하지 못하면서 곧바로 참선參禪에 들어 화두話頭를 든다. 다만 그러하니 어찌 병통病痛이 심하지 않겠는가? 병통病痛인 줄 알고서도 고치지 않으면 더욱 심하다고 하지 않겠는가?

사교입선捨敎入禪이란 불법佛法의 핵심核心을 통해通解한 연후에 가可하다. 사교捨敎란 불법佛法을 버린다는 뜻인데, 만약 알지 못한다면 알지 못하는 이치를 어떻게 버릴 수 있겠는가? 버림이란 문자

文字의 통해通解를 여의고 진체眞體를 드러내고자함이다. 둔근鈍根이 진眞의 이치에 어두우면서 무작정 화두話頭 들고 씨름하는 기개는 가상하나 대개가 화두의 노예가 되고 상기上氣하여 병을 더할 따름이다. 어찌 안타깝지 아니한가? 불법의 대의를 통해通解한 연후에 문자文字를 버릴 수 있고, 문자文字를 여의고 통명通明한 이후에 진체眞體가 드러나는 것이다. 그러한 연후에 돈오頓悟의 맛을 보고 돈오頓悟 이후의 공부에 눈이 열리는 것이다. 그러므로 미혹迷惑한 이는 돈오頓悟 이후의 도리道理를 미혹迷惑의 궁리窮理로 헤아리지 않아야 하는 것이다.

고요히 밝은 이는 천진天眞하여 지음妄作이 없나니, 동動과 정靜에 항상 선禪이다

若煩惱淡薄하고 身心이 輕安하야 於善에 離善하고 於惡에
약번뇌담박 신심 경안 어선 이선 어악

離惡하야 不動八風하고 寂然三受者는 依自性定慧하야
이악 부동팔풍 적연삼수자 의자성정혜

任運雙修하야 天眞無作하니 動靜常禪이라
임운쌍수 천진무작 동정상선

成就自然之理어니 何假隨相門對治之義也리오 無病에
성취자연지리 하가수상문대치지의야 무병

不求藥이요 雖先頓悟나 煩惱濃厚하고 習氣堅重하야
불구약 수선돈오 번뇌농후 습기견중

對境而念念生情하고 遇然而心心作對하야 彼他昏亂의
대경이념념생정 우연이심심작대 피타혼란

使殺하니라 昧却寂知常然者는 卽借隨相門定慧하야
사살 매각적지상연자 즉차수상문정혜

不忘對治하고 均調昏亂하야 以入無爲함이 卽其宜矣니라
불망대치 균조혼란 이입무위 즉기의의

三受삼수 ; 苦 · 樂 · 不苦不樂

(―이어 말한다) "만약 번뇌가 탁하거나 두텁지 않고 심신心身이 가볍고 편안하여, 선善에서 선善을 여의고 악惡에서 악惡을 여의어, 온갖 정념情念을 내지 않고, 삼수三受; 苦 樂 不苦不樂에 고요히 밝은 사람은 자성自性의 정혜定慧에 의지하여 뜻대로 쌍雙으로 닦아, 천진天眞하여 지음이 없나니, 동정動靜에 항상 선禪이다.

이는 본래 그러한 도리를 성취한 것이니 어찌 수상문隨相門의 대치법對治法을 빌릴 까닭이 있겠는가. 병病이 없으면 약藥을 구함이 없는 것이다.

비록 먼저 깨달았다 하더라도 번뇌가 두텁고 습기習氣가 무거워, 경계境界를 대함에 생각마다 정情을 내고, 연緣을 만나면 마음마다 상대적 견해를 지어 혼침昏沈과 산란散亂에 빠져서 생사生死의 부림을 받는다. 본래의 항상한 공적영지空寂靈知에 미혹迷惑한 자는 곧 수상문隨相門의 정혜定慧를 빌어 다스릴 것을 잊지 말고, 혼침昏沈과 산란散亂을 고루어 무위無爲에 나아가야 함이 마땅하다. –"

▮ 某解

온갖 정념情念을 내지 않고, 고苦 락樂 불고불락不苦不樂에 고요하여 밝은 사람은 자성自性의 선정禪定과 지혜智慧에 의지하여 뜻대로 쌍雙으로 닦으므로 천진天眞하여 지음[妄作]이 없다. 이러한 이는 상상上上의 근기根機라 어묵동정語默動靜에 항상 선禪이다. 그러나 잡념雜念이 무시無時로 나타나서 산란散亂이 그치지 아니하는 이는 부득이不得已 수상문隨相門에 의지해서 닦아야 한다.

수상문隨相門에서 돈오頓悟하여도 자성문自性門의 돈오頓悟와 오悟의 내용에 차이差異가 없다. 다만 잡념雜念이 산란散亂이 거친 이는 방편의 수상문隨相門으로 공부하는 것이 바른 길이다.

수심결修心訣 第33目

단박에 깨치면 열근劣根의 점수漸修수행에 빠지지 아니한다. 그러므로 깨치기 전의 수행은 참수행이 아니다

雖借對治工夫하야 暫調習氣나 以先頓悟하되 心性이
수차대치공부 잠조습기 이선돈오 심성

本淨하고 煩惱가 本空故로 即不落漸門劣機의 汚染修也니라
본정 번뇌 본공고 즉불락점문열기 오염수야

何者修在悟前가 則雖用功不忘하야 念念熏修나
하자수재오전 즉수용공불망 념념훈수

着着生疑하야 未能無碍하매 如有一物이 碍在胸中하야
착착생의 미능무애 여유일물 애재흉중

不安之相이 常現在前이라가 日久月深하야 對治功熟하면
불안지상 상현재전 일구월심 대치공숙

則身心客塵이 恰似輕安하리니 雖復輕安이나 疑根未斷하매
즉신심객진 흡사경안 수부경안 의근미단

如石壓草하야 猶於生死界에 不得自在니라 故로
여석압초 유어생사계 부득자재 고

云修在悟前이 非眞修也라하노라
운수재오전 비진수야

(-이어 말한다) "비록 대치법에 의지한 공부로 잠시 습기習氣를 고른다고 하지만, 먼저 심성心性이 본래 깨끗하고 번뇌가 본래 비었음을 단박 깨달았으므로, 점문열기漸門劣機의 모습 있는 수행에 떨어지지는 않는다.

깨닫기 전의 수행은 어떤가. 비록 공부를 잊지 않고 생각 생각에 익히고 닦지만, 생각마다 집착하여 의심이 생기고 장애障礙를 없애지 못함이 마치 가슴 속에 덩어리가 맺힌 것 같아 늘 불안하다가,

오랜 세월을 지나 대치하는 공부가 익숙해지면 온갖 경계를 대함에 흡사 편안한 듯하다. 그러나 비록 편안하지만 의심의 뿌리가 끊어지지 않은 것이 마치 돌로 풀을 눌러 놓은 것과 같아, 오히려 생사경계生死境界에서 자재하지 못하게 된다. 그러므로 깨닫기 전의 수행은 참 수행이 아니라고 하는 것이다."

某解

수행修行에는 오전수행悟前修行과 오후수행悟後修行의 두 길이 있다. 깨치기 전에는 범부의 잡상雜想과 견해見解와 버릇情習이 간섭하여 뜻은 곧질러 가고자하나 스스로의 잡상雜想과 견해見解와 버릇情習이 판단의 집을 지어 필요한 만큼의 결정과 노력에서 벗어나기 어렵다. 그런 까닭에 염불念佛과 간경看經과 사띠의 수행, 혹은 간화선看話禪을 정일精一히 하여 삼매三昧에 들기를 권하는 것이다.

깨친 후의 수행修行은 마음이 없음[無心]을 한결같이 보기에 전성前聖의 말씀을 잘 알며, 자성自性이 역역고명歷歷孤明하게 현전現前하는 도리에 합했으므로 닦음 없이 닦는[無修而修]의 도리道理에 절로 합하는 것이다. 그리하여 보살菩薩의 수행에 나아가 그 경지境地의 높고 낮음을 보고 나아가는 것이다. 고로 깨친 이의 수행은 세상을 벗어났기에 범부의 잡상雜想과 견해見解가 없다. 늘 깨어있으면서 다만 무시無始로 익혀온 정습情習을 지우는 것이다.

오전悟前의 수행修行은 약간의 힘을 얻어도 의심疑心을 지우지 못해 허대지만, 오후悟後의 수행修行은 무심無心에 거처하므로 대개의 장애障礙가 끊어져 통연명백洞然明白한 것이다.

깨친 이는 비록 다스림의 방편方便은 있으나, 생각에 의심이 없어 모습 있는 수행修行에 떨어지지 않는다

悟人分上에는 雖有對治方便이나 念念無疑하야
오인분상 수유대치방편 념념무의

不落汚染하며 日久月深하면 自然契合天眞妙性하야
불낙오염 일구월심 자연계합천진묘성

任運寂知하야 念念攀緣一切境하되 心心永斷諸煩惱하야
임운적지 념념반연일체경 심심영단제번뇌

不理自性하며 定慧等持하야 成取無上菩提하야
불리자성 정혜등지 성취무상보

與前機勝者로 更無差別하니라 則隨相門定慧가
여전기승자 갱무차별 즉수상문정혜

雖是漸機所行이나 於悟人分上에는 可謂漸徹成金이라
수시점기소행 어오인분상 가위점철성금

若知如是하면 則豈以二門定慧로
약지여시 즉기이이문정혜

有先後次第二見之疑乎아 願컨대 諸修道之人은
유선후차제이견지의호 원 제수도지인

研味此語하되 更莫狐疑하야 自生退屈이어다
연미차어 갱막호의 자생퇴굴

若具丈夫之志하야 求無上菩提者인댄 捨此亥而哉리오
약구장부지지 구무상보 자 사차해이재

(-이어 말한다) "깨달은 사람에게는 비록 다스림의 방편은 있으나, 생각 생각에 의심이 없어 모습 있는 수행에 떨어지지 않으며, 오랜 세월 잘 지키면 자연히 천진묘성天眞妙性에 계합契合하여, 경계를 대함에 고요하고 밝으며, 생각 생각 모든 경계를 반연攀緣하되 마음마다 모든 번뇌를 영원히 끊어 자성을 여의지 않으며, 정혜定慧를

고루 닦아 위없는 깨달음을 성취하게 되면, 앞의 떨어난 근기根機와 차별이 없는 것이다. 즉 수상문隨相門의 정혜定慧공부는 비록 점수열기漸修劣機의 수행이지만 깨달은 사람에게는 쇠를 두드려 금을 만들려 하는 것이다.

만약 이와 같이 안다면 어찌 두 문의 정혜定慧공부에 선후先後와 차제次第의 두 가지 견해가 있음을 의심하겠는가? 바라건대, 도道를 닦는 모든 사람들은 이 말의 뜻을 궁구하되 여우같은 의심으로 스스로 퇴굴심退屈心을 내어서는 안된다. 만약 기필코 위없는 깨달음을 이루겠다는 장부丈夫의 뜻을 갖춘 사람이라면 이 뜻을 버리고서 어찌 나아가겠는가?"

某解

깨침의 모든 관문설關門說은 망심妄心이 본공本空함을 마루宗로 하여 가리킨다. 깨친 이는 진심眞心이 드러나서 망심妄心이 환幻인 줄 명백明白하게 안다. 환幻은 본래 있지 아니하다. 그러므로 깨친 이는 망심妄心에 속지 않는 것이다. 옛사람이 '속지 말아라'한 것이 망심妄心에 속지 말라는 뜻이다. 이런 까닭에 "깨친 이는 비록 다스림의 방편方便은 있으나, 생각 생각에 의심疑心이 없어 모습 있는 수행修行에 떨어지지 않는다."라 하는 것이다.

생각 생각에 의심疑心이 없는 까닭은 행주좌와行住坐臥에 진심眞心이 현전現前하여 진심眞心으로 행하기 때문이다. 망심妄心이 진심眞心을 가릴 수 없는 이를 깨친 이라 하는 것이다. 고로 오후悟後의 수행은 성성惺惺에 있으며, 임성수연任性隨緣하는 것이다. 임성수연任性隨緣이 모습 없는 수행修行이다.

수심결修心訣 第35目

⋮

진심眞心에 계합契合하면 곧 본래 갖춘 나의 지혜智慧가 절로 나타나고, 천진天眞한 이치가 분명하여 어둡지 않게 된다

切莫執文하고 直須了義하야 一一歸就自己하야
절막집문 직수요의 일일귀취자기

契合本宗하면 則無師之智가 自然現前하고 天眞之理가
계합본종 즉무사지지 자연현전 천진지리

了然不昧하야 成就慧身호대 不有他悟니라 而此妙旨가
요연불매 성취혜신 불유타오 이차묘지

雖是諸人分上이나 若非夙植般若種智한 大乘根器者면
수시제인분상 약비숙식반야종지 대승근기자

不能一念而生正信하나니라 豈徒不信이리오 亦乃謗讟하야
불능일념이생정신 기도불신 역내방독

返招無間者가 比比有之하나니라 雖不信受나 一經於耳하야
반초무간자 비비유지 수불신수 일경어이

暫時結緣하면 其功闕德을 不可稱量이니라 如唯心訣에
잠시결연 기공궐덕 불가칭량 여유심결

云하사대 聞而不信이라도 尙結佛種之因이요 學而不成이라도
운 문이불신 상결불종지인 학이불성

猶盖人天之福이라하시니 不失成佛之正因이어다
유개인천지복 부실성불지정인

況聞而信하고 學而成하야 守護不忘者야 其功德을
황문이신 학이성 수호불망자 기공덕

豈能度量이리오 追念過去輪廻之業컨댄 不知其幾千劫을
기능도량 추념과거윤회지업 부지기기천겁

墮黑闇入無間하야 受種種苦며
타흑암입무간 수종종고

又不知其幾何而欲求佛道호대 不逢善友하고
우부지기기하이욕구불도 불봉선우

長劫沈淪하야 冥冥無覺하야 造諸惡業이런고 時或一思에
장겁침륜 명명무각 조제악업 시혹일사

不覺하면 長吁로소니 其可放緩하아 再受前殃가
불각 장우 기가방완 재수전앙

夙 : 일찍 숙 讟 : 비방 독 吁 : 탄식 우 緩 : 느슨할 완

(-이어 말한다) "결코 글에 집착하지 말고 모름지기 참 이치에 올곧게 사무쳐, 일일이 자기自己를 돌이켜서 진심眞心에 계합契合하면 곧 스승의 가르침에 의한 것이 아닌 본래 지혜智慧가 절로 나타나고, 천진天眞한 이치理致가 분명하여 어둡지 않아 지혜智慧의 몸을 성취하지만, 스스로에 인因한 것일 뿐 다른 것에 인해서 깨닫는 것이 아니다. 이 묘妙한 이치理致가 비록 모든 사람에게 해당하는 것이지만, 일찍이 반야般若의 지혜智慧를 심은 대승근기大乘根機가 아니면 능히 한 생각에 바른 믿음을 내지 못할 것이다. 어찌 한갓 믿지 못할 뿐이겠는가? 또한 이를 비방하여 도리어 무간지옥無間地獄을 자초自招하는 자가 적지 않다. 비록 믿고 받아들이지는 못하더라도 한번이나마 듣고 잠시라도 연緣을 맺는다면 그 공덕을 가히 헤아릴 수 없을 것이다.

그런고로 유심결唯心訣에 '듣고 믿지 않더라도 오히려 불종佛種의 인을 맺고, 배워서 이에 계합契合하지 못하더라도 오히려 인천人天의 복福을 덮는다.'고 하였으니, 성불成佛할 바른 인因을 잃지 말아야 하는 것이다. 하물며 정법正法을 들어서 믿고, 배워서 계합하여 잊지 않고 잘 지키는 사람이라면 그 공덕을 어찌 다 헤아릴 수 있겠는가? 숙세宿世의 윤회업輪回業을 생각컨대, 흑암黑暗지옥에 떨어지거나 무간無間지옥에 들어가 갖가지 고통을 받은 것이 그 몇 천겁인지 알 수 없으며, 또 불도佛道를 구하고자 하여도 눈 밝은 스승을

만나지 못해 오랜 세월 생사윤회生死輪回에 빠져 깨닫지 못하고 캄캄한 가운데 온갖 악업을 저지른 것이 그 얼마이던가! 때로 한 생각에 깨닫지 못하면 길이 탄식하게 될 것이니, 게을리 지내다가 또다시 전과 같은 재앙災殃을 받겠는가."

某解

사교입선捨敎入禪하여 자기를 돌이켜서 진심眞心에 계합契合하면 곧 본래 갖춘 나의 지혜智慧가 절로 나타나고, 천진天眞한 이치가 분명하여 어둡지 않게 된다. 스스로의 반야般若를 깨쳐 지혜智慧를 성취하지만, 자기를 밝힌 것일 뿐, 다른 원인을 인해서 깨닫는 것이 아니다. 깨침은 자기自己를 자증自證하는 것이요, 필경에 밖에서 구할 수 있는 것이 아니다. 그러나 세속의 영리한 재사才士라도 신해문信解門을 열지 못하고 불법을 비방하는 자가 적지 않다. 한유韓愈는 불법을 비방하다가 태전太顚화상을 마나 참회하였고, 정이는 약간의 선리禪理를 배워 원용援用하면서도 애써 외면하여 속유俗儒의 길을 걸었으며, 소옹邵雍은 무현금無絃琴의 도리를 배워 지견知見이 열렸으나 독로獨露라 자고自高하였고, 주희朱熹는 대혜大慧의 서장書狀으로 공부했으나 견처見處가 없어 끝내 외면하고 억설臆說을 늘어놓았다. 남송의 임희일은 경經을 배우고 궁리하여 노자해老子解를 지었으나 미혹迷惑의 말이 대부분이요, 이지李贄는 유불儒佛을 꿰어 말한다하여 여러 설을 지었으나 모습에 치우쳐 본말本末을 잃었다. 최남선은 중년에 불법을 배웠으나 종래 불해不解하고는 종년에 야소耶蘇에 귀의하였으니 세재世才의 견해가 허망한 것이다. 이

밖에 많은 세재들이 불법을 배우다가 돌아서는 것은 신해문信解門을 열지 못했기 때문이다. 졸재拙才라도 신해문信解門을 열면 곧바로 세재世才를 뛰어 넘는 것이다.

최상승最上乘의 깊고 깊은 법문法問을 잠시라도 믿으면, 이룰 바 공덕功德은 조금이라도 비할 데가 없는 것이다

又不知誰復使我로 今値人生하야 爲萬物之靈하야
우부지수부사아 금치인생 위만물지령

不昧修眞之路런고 實謂盲龜遇木이요 纖芥投針이라
불매수진지로 실위맹구우목 섬개투침

其爲慶行을 曷勝道哉리오 我今에 若自生退屈하고
기위경행 갈승도재 아금 약자생퇴굴

惑生懈怠하야 而恒常望後라가 須臾失命하야 退墮惡趣하면
혹생해태 이항상망후 수유실명 퇴타악취

受諸苦痛之時에 雖欲願聞一句佛法하야 信解受持하야
수제고통지시 수욕원문일구불법 신해수지

欲免辛酸인들 豈可復得乎리오 及到臨危하야는 悔無所益이니
욕면신산 기가복득호 급도임위 회무소익

願諸修道之人은 莫生放逸하고 莫着貪淫하며 如久頭燃하야
원제수도지인 막생방일 막착탐음 여구두연

不忘照顧어다 無常이 迅速하야 身如朝露하고 命若西光이라
불망조고 무상 신속 신여조로 명약서광

今日雖存이나 明亦難保니 切須在意하며 切須在意어다
금일수존 명역난보 절수재의 절수재의

且憑世間有爲之善하야도 亦可免三途苦輪하야
차빙세간유위지선 역가면삼도고륜

於天上人間에 得殊勝果報하야 受諸快樂이어든
어천상인간 득수승과보 수제쾌락

況此最上乘甚深法門은 暫時生信이라도 所成功德을
황차최상승심심법문 잠시생신 소성공덕

不可以比喩로 說其少分이니라
불가이비유 설기소분

纖: 작을 섬 曷: 어찌 갈 憑: 기댈 빙

(—이어 말한다) "또 누가 다시 나로 하여금 이제 사람의 몸을 받아 만물萬物의 영장靈長이 되게 하여 도道 닦는 길에 어둡지 않게 할지 알 수가 없다. 실로 눈 먼 거북이가 망망대해에서 나무토막을 만난 격이요, 하늘에서 바늘을 던져 땅위의 겨자씨를 뚫는 것과 같으니, 그 다행함을 어찌 말로 다 할 수 있으랴! 내가 이제 만약 스스로 물러나거나 나태하여 늘 뒤로 미루기만 하다가, 잠깐 사이에 목숨을 잃고 악취惡趣에 떨어지면, 온갖 고통을 받을 때에 비록 한 구절의 불법佛法이라도 들어서 신해信解 수지하여 고통을 면해 보고자 한들 어찌 다시 벗어날 수가 있겠는가! 위태로운데 이르러서는 뉘우쳐도 소용이 없나니, 원컨대 도道닦는 이들은 방일放逸하지 말고 탐욕貪欲과 음욕淫欲에 집착하지 말며, 마치 머리에 불이 붙은 듯 잊지 말고 참 마음을 반조返照하라. 덧없는 세월은 신속迅速하여, 몸은 아침이슬 같고 목숨은 지는 해와 같다. 오늘 비록 살아있다 하나, 내일을 기약하기 어려우니 간절히 새기고 또 새겨야 한다. 또 세간世間의 유위선有爲善에 의지해도 삼악도三惡道의 고苦를 면할 뿐만 아니라 천상天上과 인간의 수승한 과보果報를 얻어 모든 쾌락을 받는데, 하물며 이 최상승最上乘의 깊고 깊은 법문法問을 잠시라도 믿으면 이룰 바 공덕은 가히 조금이라도 비할 데가 없는 것이다."

某解

최상승最上乘의 무위법문無爲法問을 잠시라도 듣고 믿는 공덕功德은 세상의 무엇과도 비교할 수 없다. 누가 있어 세상世上과 정념情

念이 그림자 같고 환幻 같은 줄 일러 주며, 그 가운데 그대의 진심眞心이 청정淸淨하여 불멸의 광명光明을 나투는 것을 가리키고 보여주겠는가?

수심결修心訣 第37目

한 생각 깨끗한 마음은 정각正覺을 이룬다

如經에 云하사대 若人이 以三千大千世界七寶로
여경 운 약인 이삼천대천세계칠보

布施供養爾所世界衆生하야 皆得充滿하며
포시공양이소세계중생 개득충만

又教化爾所世界一切衆生하야 令得四果하면 其功德이
우교화이소세계일체중생 영득사과 기공덕

無量無邊이나 不如一食頃에 正思此法하야
무량무변 불여일식경 정사차법

所獲功德이라하시니 是知我此法門이 最尊最貴하야
소획공덕 시지아차법문 최존최귀

於諸功德에 比況不及이로다 故로 經에 云하사대 一念淨心이
어제공덕 비황불급 고 경 운 일념정심

是道場이라 勝造恒沙七寶塔이로다 寶塔은
시도장 승조항사칠보탑 보탑

畢竟碎爲塵이어니와 一念淨心은 成正覺이라하시니
필경쇄위진 일념정심 성정각

願諸修道之人은 硏味此語하야 切須在意어다 此身을
원제수도지인 연미차어 절수재의 차신

不向今生度하면 更待何生度此身하야 切須在意어다 故
불향금생도 갱대하생도차신 절수재의 고

今若不修하면 萬劫差違요 今若强修하면 難修之行이라도
금약불수 만겁차위 금약강수 난수지행

漸得不難하야 功行이 自進하리라 嗟夫라 今時人이
점득불난 공행 자진 차부 금시인

飢逢王饍호대 不知下口하고 病遇醫王호대 不知服藥하니
기봉왕선 부지하구 병우의왕 부지복약

不曰如之何如之何者는 吾末如之何也已矣로라
불왈여지하여지하자 오말여지하야이의

且世間有爲之事는 其狀을 可見이며 其功을 可驗일새
차세간유위지사 기상 가견 기공 가험

人得一事하면 歎其稀有어니와 我此心宗은 無形可觀이며
인득일사 탄기희유 아차심종 무형가관

無狀可見하니 言語道斷하고 心行處滅이니라 故로
무상가견 언어도단 심행처멸 고

天魔外道가 毁謗無門이요 釋梵諸天이 稱讚不及이어든
천마외도 훼방무문 석범제천 칭찬불급

況凡夫淺識之流가 其能髣髴이리오
황범부천식지류 기능방불

饍 : 반찬 선 髣髴방불 : 비슷하게

(–이어 말한다) 경經에 이르기를 "만일 어떤 사람이 삼천대천세계三千大天世界의 칠보七寶로써 그 세계의 중생에게 보시하고 공양하여 다 만족하게 하고, 또 그 세계의 중생을 교화하여 사과四果를 얻게 한다면 그 공덕이 한량없고 끝이 없을 것이다. 그러나 밥 한 그릇 먹는 짧은 시간이라도 이 법을 바르게 생각하여 얻는 공덕만 같지 못하다"하시니, 그러므로 이 법문法問이 그 어떤 공덕功德보다 가장 높고 귀하여 견줄 수 없다는 것을 알아야 한다.

그러므로 경經에 이르되 "한 생각 깨끗한 마음이 곧 도량이니 항사수의 칠보탑을 짓는 것보다 뛰어나다. 보배탑은 결국 부숴져 먼지가 되지만, 한 생각 깨끗한 마음은 정각正覺을 이룬다."고 하시니, 원컨대 도道를 닦는 모든 사람들은 이 말씀을 궁구窮究하여 간절히 새기길 바란다. 이 몸을 금생今生에 제도濟度하지 못하면, 다시 어느 생을 기다려 제도할 것인가. 이제 만일 닦지 않으면 만겁萬劫토록 어긋날 것이요, 이제라도 만일 힘써 닦으면 닦기 어려운 수행修行이라도 점차 어렵지 않게 되어 수행의 공덕이 절로 나아질 것이다. 안타깝게도 요즘 사람들은 주린 몸으로 진수성찬을 만나고도 먹을 줄 모르고, 병든 몸으로 의왕醫王을 만나고도 주는 약조차 먹을 줄 모르니, 어찌 해야 할 지 걱정조차 하지 않는 자는 나도 어쩔 수 없을 뿐이다. 또 세간의 유위사有爲事는 그 상태를 볼 수 있고 그 공과를 증거할 수도 있기에 어떤 사람이 한 가지 일만 성취해도 그 희유함을 찬탄하지만, 나의 이 진심眞心은 모습으로 가히 볼 수 없으며 어떤 상태인지 가히 알 수 없으므로 언어로 말할 수 없고 마음으로 헤아릴 수도 없다. 그러므로 천마天魔와 외도外道가 훼방하려 해도 방법이 없고, 제석천帝釋天과 범천梵天의 모든 하늘들이 칭찬하려 해도 할 수가 없다. 하물며 범부의 천박한 지식으로 어찌 짐작조차 할 수 있겠는가?

某解

"한 생각 깨끗한 마음淨心은 정각正覺을 이룬다."고 한다. 일념정심一念淨心이 무슨 뜻이기에 수많은 법문이 일념정심一念淨心으로 귀결되는 것인가? 범부는 갖가지 정습情習의 기억記憶과 관찰觀察을 통해 사유思惟하여 판단判斷한다. 그 판단으로 가치관을 세우고 인생을 꾸려가는 것이다. 그 판단에는 해맑은 통찰력洞察力이 없다. 오직 정습情習의 때와 허물에 가려져 굴러가기에 미혹迷惑한 것이다. 정심淨心이란 정습情習의 때와 허물이 없는 마음이므로 진심眞心을 의미한다. 진심眞心에 거처하고자하는가? 다만 망심妄心을 쉬면 진심眞心이 나타나는 것이다.

나의 이 진심眞心은 모습으로 볼 수 없으며, 궁리로 그 내용을 알 수 없으므로 언어言語로 닿을 수 없고 생각으로 헤아릴 수도 없다. 다만 망심妄心을 쉬어 자증自證으로 확인確認할 수 있을 따름이다. 어찌 범부의 천박淺薄한 지식知識으로 헤아림이 가능하겠는가?.

반야般若에 신심信心을 내는 이는, 과거세에 불소佛所에서 선근善根을 심은 사람이다.

悲夫라 井蛙가 焉知滄海之闊이며 野干이 何能獅子之吼리오
비부 정와 언지창해지활 야간 하능사자지후

故知末法世中에 聞此法問하고 生稀有想하야
고지말법세중 문차법문 생희유상

信解受持者는 已於無量劫中에 勝事諸聖하고
신해수지자 이어무량겁중 승사제성

植諸善根하야 深結般若正因한 最上根性야로다 故로
식제선근 심결반야정인 최상근성 고

金剛經에 云하사대 於此章句에 能生信心者는 當知是人은
금강경 운 어차장구 능생신심자 당지시인

已於無量佛所에 種諸善根이라하시고 又云하사대
기어무량불소 종제선근 우운

爲發大乘者說이며 爲發最上乘者說이라시니라
위발대승자설 위발최상승자설

髣 : 비슷할 방 髴 : 비슷할 불 蛙 : 개구리 와 闊 : 넓을 활

(—이어 말한다) 애석하다! 우물 안 개구리가 어찌 창해滄海의 넓음을 알며, 여우가 어찌 사자獅子의 포효咆哮를 하리오. 그러므로 말법末法 세상에 이 법문法問을 듣고 희유希有하다는 생각을 내어 신해수지信解受持하는 사람은 이미 한량없는 겁劫 동안에 모든 성인聖人을 받들어 섬기고, 온갖 선근善根을 심어, 반야般若의 정인正因을 깊이 맺은 뛰어난 근기根機임을 알아야 한다. 그러므로 금강경金剛經에 이르되 "이 법문法問에 능히 신심信心을 내는 사람은 마땅히 한량없는 부처님 처소處所에서 모든 선근善根을 심은 사람이니라."

고 하였으며 또 이르셨다. "대승大乘을 일으킨 이를 위해 설說하며, 최상승最上乘을 일으킨 이를 위해 설한다"

某解

범부가 반야般若의 설說을 듣고, 반야般若를 신해信解하여 반야般若의 정인正因을 깊이 맺었다면 이는 이미 뛰어난 근기根機요, 최상승最上乘을 일으킨 사람이다.

그러므로 금강경金剛經에 이르되 "이 법문法問에 능히 신심信心을 내는 사람은 마땅히 한량없는 부처님 처소處所에서 모든 선근善根을 심은 사람이니라."고 하였던 것이다.

오늘 반야般若를 배워 증득證得하여, 내일 반야般若를 행하며, 다음 세월에 반야般若를 후배後輩에게 설說하여 넓히는 이가 그대가 아니고 누구이겠는가? 뒷세상의 드밝은 설자說者가 바로 그대인 것이다.

지금 닦지 않는다면, 비록 숙세宿世의 선근善根이라 하더라도 곧 끊어져서 오래도록 어렵게 되고 점점 멀어질 것이다

願諸求道之人은 莫生怯弱하고 須發勇猛之心이니라
원제구도지인 막생겁약 수발용맹지심

宿劫善人을 未可知也니라 若不信殊勝하고 甘爲下劣하야
숙겁선인 미가지야 약불신수승 감위하열

生艱阻之想하야 今不修之하면 則縱有宿世善根이나
생간조지상 금불수지 즉종유숙세선근

今斷之故로 彌在其難하야 展轉遠矣니라 今旣到寶所라
금단지고 미재기난 전전원의 금기도보소

不可空手而環이니라 一失人身하면 萬劫難復이니
불가공수이환 일실인신 만겁난복

請須信之어다 豈有之者가 知其寶所하고 反不求之하야
청수신지 기유지자 지기보소 반불구지

長怨孤貧이리오 若欲獲寶인댄 放下皮囊하라
장원고빈 약욕획보 방하피낭

怯: 겁낼 겁 阻: 험할 조 縱: 놓을 종 彌: 오랠 미

(-이어 말한다) 원컨대 도道를 구하는 모든 사람들은 겁내거나 약한 마음을 내지 말고, 모름지기 용맹심勇猛心을 내야 한다. 오랜 겁劫 동안 쌓은 선인善因을 어찌 모르겠는가. 만약 정법正法을 만난 이 인연이 수승함을 믿지 않고 스스로 하열下劣하다고 여겨서 어렵다는 생각으로 지금 닦지 않는다면, 비록 숙세宿世의 선근善根이라 하더라도 곧 끊어져서 오래도록 어렵게 되고 점점 멀어질 것이다. 이제 이미 보배 있는 곳에 이르렀으니 빈손으로 돌아가지 말라. 한 번 사람 몸을 잃으면 만겁萬劫토록 돌이키기 어려우니 부디 신중愼

重하라. 어찌 지혜로운 사람이 보배 있는 곳을 알고도 구하지 않아서 오래도록 외롭고 가난한 것만 원망하겠는가? 보배를 얻으려면 가죽 주머니인 육신肉身을 놓아 버려야 하니라.

某解

모든 불佛과 보살菩薩들이 범부가 자기自己의 진심眞心을 밝혀야 하는 까닭을 설하고, 공부의 방법을 자세히 보이며, 본래의 내가 부처와 다르지 아니하다는 가르침을 간곡히 전하는 연유가 무엇이겠는가? 사람사람이 오직 깨끗한 본심本心을 밝혀 육도六度에 윤회輪回하는 고달픔을 끊어주기 위해서인 것이다. 당금에 지눌知訥스님의 목소리가 귓전을 울리지 않는가? 정법正法을 믿지 않고 스스로 열등하다고 여기며, 불법이 어렵다고 생각하여 닦음을 미룬다면, 오래도록 어렵고 어렵게 되어 점점 정법正法과 멀어지고 세욕世欲의 정념情念을 짊어지고 갖은 고초를 겪게 될 것이다.

만약 도道를 구하려면 자기를 낮추어 두려워말고, 큰 용기를 내어 자기自己의 진심眞心을 밝히는데 힘을 다해야 한다. 공부길에 나선 이는 신장神將이 외호外護하나니, 다세多世에 쌓은 선인善因을 어찌 알지 못하겠는가? 공부의 마음을 내면 이미 보성寶城앞에 닿은 것이요, 세상과 몸을 잊으면 문門을 연 것이요, 망심妄心을 쉬고 쉬어 선정禪定에 젖으면 가까운 것이 불법佛法이다. 이같이 알고도 구하지 않음은 누구의 허물이겠는가? －大歇

修心訣, 普照知訥 著, 雲巖玄葉 譯